Ángel de Saavedra. Duque de Rivas

El desengaño en un sueño

Barcelona **2024**
Linkgua-ediciones.com

Créditos

Título original: El desengaño en un sueño.

© 2024, Red ediciones S.L.

e-mail: info@linkgua.com

Diseño de cubierta: Michel Mallard.

ISBN tapa dura: 978-84-1126-305-4.
ISBN rústica: 978-84-9816-057-4.
ISBN ebook: 978-84-9897-217-7.

Cualquier forma de reproducción, distribución, comunicación pública o transformación de esta obra solo puede ser realizada con la autorización de sus titulares, salvo excepción prevista por la ley. Diríjase a CEDRO (Centro Español de Derechos Reprográficos, www.cedro.org) si necesita fotocopiar, escanear o hacer copias digitales de algún fragmento de esta obra.

Sumario

Créditos _____ 4

Brevísima presentación _____ 7
   La vida _____ 7

El desengaño en un sueño _____ 9

Personajes _____ 10

Acto I _____ 11
   Escena I _____ 11
   Escena II _____ 23
   Escena III _____ 39

Acto II _____ 59
   Escena I _____ 59
   Escena II _____ 61

Acto III _____ 83
   Escena I _____ 83
   Escena II _____ 92
   Escena III _____ 101
   Escena IV _____ 108
   Escena V _____ 118

Acto IV _____ 123
   Escena I _____ 123
   Escena II _____ 142

Libros a la carta _____ 153

Brevísima presentación

La vida
Duque de Rivas, Ángel Saavedra (Córdoba, 1791-Madrid, 1865). España.
Luchó contra los franceses en la guerra de independencia y más tarde contra el absolutismo de Fernando VII, por lo que tuvo que exiliarse a Malta en 1823. Durante su exilio leyó obras de William Shakespeare, Walter Scott y Lord Byron y se adscribió a la corriente romántica con los poemas El desterrado y El sueño del proscrito (1824), y El faro de Malta (1828).
Regresó a España tras la muerte de Fernando VII heredando títulos y fortuna.
Fue, además, embajador en Nápoles y Francia.

El desengaño en un sueño
Drama fantástico en cuatro actos
Duque de Rivas
A mi hijo Enrique.

Las músicas, comparsas y diferentes acompañamientos de cazadores, esclavos, guardias, etc., se anotan y llaman en las escenas en que deben figurar, para evitar confusión. La acción, que se supone, por los trajes, acaecida a mediados del siglo XIV, pasa en un islote desierto del Mediterráneo. Empieza al ponerse el Sol, y concluye al amanecer del día siguiente.

Personajes

Arbolán, guerrero
Cantores
Clorinardo, caballero
Del Genio de la Opulencia
Del Genio de los Amores
Del Genio del Mal
Del Genio del Poder
Doncellas, bailarinas
Dos caballeros
Dos cazadores
Dos soldados
El Demonio
Fineo, caballero
Lisardo, joven
Liseo, viejo
Marcolán, viejo mágico
Natalio, viejo
Personajes fantásticos
Salvajes, bailarines
Sílfides, bailarinas
Tres villanos
Un Ángel
Un Capitán
Un Enterrador
Un Paje
Un Rey
Una Bruja
Una Reina
Voces de seres invisibles
Zora, dama joven

Acto I

Escena I

La escena representa una montaña de peñascos, descubriéndose por un lado el mar embravecido. En primer término, a la derecha del espectador, habrá una pequeña gruta practicable. El cielo representará el anochecer, cubierto de nubes borrascosas. Se verán relámpagos, y se oirán truenos, el bramido de las olas y el silbar del viento. Marcolán, mago, aparece dentro de la gruta, estudiando en sus libros a la luz de una lámpara y rodeado de instrumentos mágicos. Lisardo, vestido de pieles y con aspecto salvaje, asomará por lo alto de la montaña y bajará de peñasco en peñasco, declamando los primeros versos.

Lisardo (Mirando despechado al cielo.)
Rompe tu seno pardo,
oscura nube, y lanza furibunda
el rayo abrasador, que ansioso aguardo;
el rayo que confunda
y en el inmenso mar sepulte y hunda
esta desierta roca,
que con la altiva frente al cielo toca,
y es, ¡oh destino impío!,
cárcel estrecha de mi ardiente brío.

(Pausa, y prosigue, mirando al mar.)

Y tú, tremendo mar, ¿por qué rugiente
no rompes este freno de tus iras?
¿O eres tan impotente
que en vano a libertarte de él aspiras?
¡Ah, si yo fuera tú...! ¡Si yo tuviera
tu colosal poder..., ni un solo instante
de mi curso delante
obstáculo ninguno consintiera,
y al encontrarlo, mi rencor profundo

	con sus huellas borrara el ancho mundo!
	Mas, ¡ah!, no me escucháis... ¿O no son nada,
	oscura nube, tu rugiente trueno,
	ni tu empuje y furor, ¡oh mar hinchada!
	si otro poder mayor os pone freno?
(Pausa.)	Como vosotros, yo, que arde en mi mente
	fuego mayor que el que en los rayos arde
	y un alma más tremenda,
	más indomable que la mar rugiente
	dentro mi pecho siente
	de sus fuerzas hacer perdido alarde.
	Y aquí atado y cautivo,
	aquí como cobarde,
	apenas sé si vivo,
	puesto que el mundo ignora
	que en él Lisardo mora.
	Lisardo, el que pudiera
	llevar su nombre a la encendida esfera.

(Pausa, y prosigue, mirando a la gruta):

¡Oh padre!... Padre no, tirano fiero,
que eres de un infelice carcelero:
maldito sea tu saber insano y ese tu afán prolijo,
que te hace ser de un desdichado hijo
inexorable y pertinaz tirano.

Marcolán   (Dentro de la gruta, hablando consigo mismo.)
¡Mísera Humanidad! Siempre maldice
la mano protectora que la ampara
y que del precipicio la separa.
¡Mísera Humanidad, siempre infelice!
Es mi anhelo salvar a mi hijo amado
de las borrascas que en la humana vida

le tienen las estrellas prevenida,
y él su opresor me llama despechado.

(Se va poco a poco despejando el cielo, y, alzándose la Luna en el horizonte, ilumina la escena con su luz azulada.)

Lisardo   (Avanzando al proscenio.)
¿Es vida, ¡triste de mí!
es vida, ¡cielos!, acaso
aquesta vida que paso
con solo mi padre aquí?
Si condenado nací,
y sin esperanza alguna,
a que este islote mi cuna,
mi estado, mi único bien
y mi tumba sea también,
maldigo yo a la fortuna.
Si tal mi destino fue,
que es imposible lo fuera,
¿para qué un alma tan fiera
dentro de mi pecho hallé?
¿Con qué objeto, para qué
arde esta insaciable llama,
que toda mi mente inflama,
de buscar dándome anhelo,
aun a despecho del Cielo,
oro, amor, poder y fama?
Enhorabuena el reptil
rampe en el vivar estrecho,
si allí goza satisfecho
toda su existencia vil;
pero el águila gentil,
de alas y valor provista,
en el Sol clave la vista,

cruce las nubes voraz,
y en ellas pregone, audaz,
del espacio la conquista.
No reptil, águila soy,
águila, y he de volar
sobre la tierra y el mar.

(Corre decidido hacia la montaña.)

Marcolán   (En su gruta y hablando consigo mismo.)
No volarás, que aquí estoy,
Lisardo, y a darte voy
pronto una grave lección
que calme en tu corazón
ese ciego desatino
que te arrastra de contino
del mundo a la perdición.

Lisardo   (Despechado y como detenido en medio
de la escena por un impulso superior.)
¡Infelice!... Me olvidé
que a este escollo estoy atado,
donde del mundo ignorado
he nacido y moriré.
Si tal mi destino fue,
cúmplase pronto. Liberte
de esta cárcel con mi muerte
mi alma gigante yo mismo
lanzándome en ese abismo
para burlar a la suerte.

(Va a arrojarse al mar, y sale sobresaltado de su gruta Marcolán con una vara de oro en la mano.)

Marcolán	Tente Lisardo, hijo mío. Insensato, ¿dónde vas? Tente, que aunque bastan solo para tu intento atajar, la fuerza de mis conjuros, pues no tiene otras mi edad, quiero solo con las voces de mi cariño lograr que desistas, hijo mío, de tu designio fatal. Torna, Lisardo, a mis brazos, que para ti solo hay paz entre los brazos de un padre que idolatrándote está.
Lisardo	(Que se detiene a la orilla del mar en cuanto oye a su padre, vuelve y se arroja a sus brazos muy abatido.) ¡Oh padre!
Marcolán	Calma, hijo mío, la espantosa tempestad de tu corazón, más recia que la que un momento ha esas esferas turbaba y alborotaba ese mar.
Lisardo	¡Oh padre!
Marcolán	Mira, Lisardo, cuál la nube huyendo va tornando el zafir del cielo con suave luz a brillar al reflejo de la Luna, astro benigno de paz.

>   Mira cuál bajan las olas,
>   que montañas de cristal
>   azotaban estas peñas
>   a empuje del huracán.
>   Huyan así de tu mente,
>   para no volver jamás,
>   esas oscuras ideas
>   que hacen tu infelicidad.
>   Y cálmese así tu pecho,
>   que no deben agitar
>   las fantásticas pasiones
>   tras de que perdido vas.
>   ¿Qué te inspira, di, Lisardo,
>   esa confusa ansiedad,
>   cosas que tú desconoces
>   anhelando sin cesar?

Lisardo
>   Los impulsos de mi alma,
>   que a voces diciendo están
>   que he nacido para el mundo,
>   para en su centro lograr
>   amores, riqueza, fama,
>   poder, mando.

Marcolán
>   Basta ya.
>   Te comprendo. Mas ¿qué sabes
>   tú de ese mundo ideal,
>   que existe en tu mente solo?

Lisardo
>   (Recobrándose y creciendo en vehemencia.)
>   ¡Oh padre mío, cesad!
>   Que aunque estas ásperas peñas,
>   que ciñe en torno la mar,
>   mi cuna fueron, y son

	mi cárcel siempre, y serán
tal vez también mi sepulcro,
no tan rudo soy, ni tan
salvaje, que no conozca
que en el mundo hay mucho más.
Esos tus libros lo dicen,
a quien tanto culto das,
y que te han dado esa ciencia,
que profesas por mi mal.
Tus labios también lo han dicho,
complaciéndose en contar
de tu vida los portentos,
los recuerdos de tu edad.
Y aunque nunca de tus libros
devorara a tu pesar
las páginas, y aunque siempre
hubieras, cauto y sagaz,
puesto en tus labios un sello
que guardara la verdad,
que hay mundo, y cómo es el mundo,
por instinto natural
adivinara. Sí, padre;
baste de destierro ya.
Llévame donde hombre sea,
y donde pueda lograr,
como hombre, amores, riquezas,
poder y dominio.
Marcolán	¡Ah!
Lisardo	Quiero mando, poderío,
gloria, fama...
Marcolán	Bien; tendrás

| | cuanto apeteces, Lisardo.
                  Y a tu padre dejarás
                  en este desierto solo,
                  decrépito... ¿Quieres más?

Lisardo   (Con ternura.)
                  Padre idolatrado, quiero
                  vivir como racional;
                  mas bajo tu amparo siempre.

Marcolán   ¡Mi amparo...! Insensato estás.
                  ¡Mi amparo!... ¿De qué te sirve,
                  si entras con la tempestad
                  de las humanas pasiones
                  del mundo en el hondo mar?
                  ¡Ay, que entonces mi cariño,
                  mi ciencia, todo mi afán
                  de nada han de aprovecharte!

Lisardo   (Con entereza.)
                  ¿De nada...? Pues bien está.
                  El aliento que me agita,
                  el encendido volcán
                  de valor y de denuedo,
                  que arde en mi pecho tenaz,
                  me bastan, señor, y sobran;
                  y suficientes quizá
                  para serviros de apoyo
                  a vos, ¡oh padre!, serán.
(Con resolución.) Salgamos de estos peñascos.
                  Aquestos libros quemad.
                  Venid al mundo conmigo,
                  y vuestros ojos verán
                  que engendrasteis un portento

	de altas empresas capaz.
Marcolán (Aparte.)	(Vuelve a exaltarse su mente.
	Ya la lección convendrá,
	y que empiece a realizarse
	mi bien combinado plan.)
(Alto.)	Hijo, Lisardo, sosiega
	tu ardiente pecho. Serás
	complacido por tu padre.
	Lograráse tu ansiedad.
	Pero de la noche el manto
	cubre el firmamento ya.
	Calma en sosegado sueño,
	calma, hijo mío, tu afán.
Lisardo	(Como soñoliento.)
	De lo que hoy he padecido
	estoy, señor, en verdad
	tan fatigado..., que empiezo
	dulce descanso a anhelar...
	Reposaré...
Marcolán	(Llevándole lentamente al fondo de la escena, a la izquierda del espectador, donde habrá en tierra un lecho de ramas secas.)
	Sí, hijo mío.
(Aparte.)	(Ya empieza el conjuro a obrar.
	Le tocaré con la vara,
	y al sueño se rendirá.)

(Le toca, y prosigue en alto):

Sí, hijo mío; sí, descansa,
pues convidándote está

                 de secas algas el lecho,
                 que aquí orillas de la mar
                 halagan las blandas brisas
                 que en torno volando están.

Lisardo   (Acostándose en el lecho.)
                 Sí, padre mío...; sí, padre...
                 El sueño ganando va
                 mis sentidos..., halagado
                 por la esperanza que has
                 dado a mi pecho... Esta noche
                 soñaré felicidad.

(Queda dormido.)

Marcolán   (Contemplándole con cariño.)
                 ¡Hijo del alma!... ¡Hijo mío!...
                 En sueño profundo está.
                 Ahora desengaños sueñe
                 que ponga fin a su afán.

(En medio de la escena, en actitud imponente y solemne.)

                 Espíritus celestes e infernales,
                 genios del bien y el mal, que los destinos
                 por ocultos caminos
                 dirigís de los míseros mortales,
                 al gran poder de mi saber profundo
                 obedientes venid, que ya os aguardo,
                 y al dormido Lisardo
                 mostrad en sueños cuanto encierra el mundo.
                 En vagas vaporosas ilusiones,
                 y en fantásticas formas vea su mente
                 cuanto anhela imprudente,

y ancho campo ofreció a sus pasiones.

(Gira la vara en derredor.)

Ya os miro en torno revolar; ya os veo,
o desde el centro de la tierra oscuro,
o desde el aire puro
obedientes venir a mi deseo.

(Se oye una música suave y armoniosa y una voz dulce dice desde las bambalinas):

Voz del genio de los amores	Yo, numen de los amores, le coronaré de flores, y atándole en tiernos lazos colocaré entre sus brazos la más insigne beldad. Y encantado con su acento, y embriagado con su aliento, apurará en las delicias de sus amantes caricias la humana felicidad.

(Suena a la izquierda de la escena una música llena y alegre, y enseguida dice una voz sonora):

Voz del genio de la opulencia	Yo dispongo del oro y riqueza, y a tu mágico impulso obediente a sus ojos dormidos patente cuanto alcanza mi imperio pondré. Y la Pompa oriental y grandeza gozará venturoso en el sueño, y de inmensos tesoros el dueño, mientras dure el encanto, le haré.

Aroma y bálsamos
respirará.
Sedas y púrpuras
se vestirá.
Ricos alcázares
habitará.
Y en la demencia
de la opulencia
se perderá.

(Suena a la derecha una banda de música militar, tocando una marcha guerrera, y dice una voz robusta):

Voz del genio   Yo, que de la ambición y de la gloria
del poder   el genio soy audaz,
                    su pecho tornaré con mi alta llama
                    en hoguera voraz.
                    El lauro ceñirá de la victoria
                    su envanecida sien,
                    y su nombre en los cantos de la fama
                    escuchará también.
                    Y un pueblo rendido
                    a sus pies verá,
                    y desvanecido
                    lo dominará.

(Se oyen truenos subterráneos mezclados con música sorda y lúgubre bajo el tablado, y luego dice desde allí una voz áspera y satánica):

Voz del genio del mal   Yo marchitaré
                        las lozanas flores.
                        Yo envenenaré
                        los dulces amores.
                            Y en horrores

	sus delicias tornaré. La riqueza y grandeza serán de su pecho, por la avaricia y el terror deshecho. Y la indomable ambición su corazón al crimen arrastrará, y en hondo precipicio lo hundirá.
Marcolán	(Extendiendo la vara a un lado y otro.) Comenzad, genios que me estáis hablando el orden proseguid de mis conjuros, dentro la mente del dormido dando formas visibles a los aires puros.

(Entra en. su gruta, se sienta, coloca a sus pies un reloj de arena y prosigue leyendo en la mayor abstracción, permaneciendo así hasta el fin del drama.)

Escena II

Cruzan la escena en todas direcciones ligeras gasas transparentes con figuras vagas y fantásticas, alusivas al amor, al poder, a la ambición y al crimen, y se van reuniendo al fondo de la escena y delante del lecho de Lisardo, formando como una niebla blanquecina que lo cubra todo. Por un escotillón sale Zora, cubierta con una gasa blanca que le dé la apariencia de una sombra. La música toca una armonía lánguida y suave, que va concluyendo poco a poco en notas aisladas y que van siendo imperceptibles. Se disipa luego repentinamente la niebla, y aparece un risueño y rústico jardín, iluminado por la luz de la aurora. El lecho de Lisardo, alzado un poco del suelo y formado con flores y cubierto por un pabellón de colores enlazado en las ramas de los árboles. Y en él estará dormido Lisardo, cuyo vestido de pieles se habrá mudado en uno rico de cazador. Aparecerá también un asiento rústico en medio de la escena, y caerá el velo que cubre a Zora, quedando ésta vestida con una túnica blanca y coronada de rosas. La gruta de Marcolán, y éste dentro estudiando, habrá estado siempre descubierta, y permanecerá así inmutable durante todo el drama, por más cambios de decoraciones que se verifiquen.

Lisardo (Incorporándose como admirado y mirando a todos lados.)
¡Cielos!... En el mundo estoy.
Mi padre no me engañó.
Del islote me sacó.
Hombre cual los hombres soy.
No hay duda... ¡Felice yo!

(Se levanta y corre de una parte a otra, pero sin reparar en Zora, que estará a un lado cogiendo flores.)

¡Oh, qué risueño jardín!
Y no lo circunda el mar.
Desde aquí podré volar
por uno y otro confín...
¿Quién me lo puede estorbar?...
¡Cuán gozoso y satisfecho
miro el matutino albor!
Una y otra linda flor,
¡qué aromas dan a mi pecho!
¡Oh qué vida...! ¡Qué calor!
Aquí no escucho el bramido
de las olas, que decía
pavoroso noche y día:
«Pobre Lisardo, nacido
bajo estrella tan impía.»
No, que el risueño murmullo
de auras, hojas, aves, fuentes,
dan acentos diferentes,
que son dulcísimo arrullo
de mis venturas presentes.

Mas ¿qué me detengo aquí?
Por linda que esta mansión
halague mi corazón,
aun estrecha es para mí.
Volemos a otra región.

(Repara en Zora, y queda sorprendido.)

¿Qué es, ¡oh Dios!, lo que allí veo?
Solo en el jardín no estoy...
¡Ah, que realizando voy
cuanto anheló mi deseo,
y todo ventura es hoy!
¡Una mujer!... Sí, y aquella
que en sombra leve y fugaz
turbando mi eterna paz
vio siempre gallarda y bella
mi delirio pertinaz.
Sí, la misma que mis ojos
en ilusión vieron vana,
ya en los perfiles de grana,
que ornan los celajes rojos
de la encendida mañana,
ya entre las orlas de espuma
del adormecido mar,
sobre las playas triscar,
leve como leve pluma,
y mi pecho arrebatar.
Y pues la suerte dichosa,
que hoy dirige mi destino,
portento tan peregrino,
de mis afanes tal diosa
me presenta en mi camino,
corro a exhalar a sus pies,

                    completando mi ventura,
                    el alma, que en llama pura
                    volcán encendido es
                    desde que vi su hermosura.

(Se acerca con timidez a Zora.)

                    Ángel celestial...

Zora   (Con sencillez y naturalidad.)
                                    Lisardo...

Lisardo   (Aparte, sorprendido.)
                    ¿Sabe, ¡cielos!, quién soy yo?
                    Sin duda, pues me nombró...

Zora   ...hace tiempo que os aguardo.

Lisardo (Dudoso.)   ¿Vos... me conocéis...?

Zora   ¿Pues no?

Lisardo   (Con vehemencia.)
                    Y yo os conozco también,
                    y ando tras de vos perdido;
                    y que tan solo he nacido
                    para estar, pienso, ¡oh mi bien!,
                    a vuestro encanto rendido.

Zora   Pero ¿mi nombre ignoráis?

Lisardo   ¡Ah!... Solo sé que os adoro;
                    todo lo demás lo ignoro.

Zora	Y de mí, ¿qué deseáis?
Lisardo (Arrebatado.)	Amor..., vuestro amor imploro.
Zora	¿Amor...? ¿Qué decís, Lisardo? ¿Olvidáis que Zora soy?... ¡Ah!... Jamás os vi cual hoy. De veros tal me acobardo y temblando toda estoy.
Lisardo	Mi encanto, mi único bien, mi tesoro, mi alegría... ¡Oh lumbre del alma mía!, no miedo, lástima ten de mi amorosa agonía... Para ti solo respiro, y sin ti quiero la muerte. ¿Qué es vivir sin poseerte?
Zora	(Turbada y vergonzosa.) Lisardo..., yo me retiro.
Lisardo	¿Puede mi amor ofenderte...? ¿Te ofende...? No seas cruel; oye mi llanto, mi ruego.
Zora	Crece mi desasosiego... retírome del vergel.
Lisardo	(Deteniéndola.) ¿Sin responder a mi fuego?... ¡Ah!... Esperad, ¡oh bella Zora!, más bella que la mañana. ¡Ay!... Esa encendida grana

| | que vuestro rostro avalora, |
| | ¡cuánto, cuánto os engalana! |

(Hincando una rodilla.)

	¡Piedad de mí! No, no quiero
	la vida sin vuestro amor.
	Si dura tanto rigor,
	si tenéis pecho de acero,
	me moriré de dolor.

Zora (Conmovida.)   ¡Lisardo...! ¡Lisardo...! ¡Ay Dios!
No penséis que el pecho mío...

Lisardo   ¡Cuánto a mi pasión da brío
la inquietud que advierto en vos!

Zora   Y yo..., basta..., ¡oh desvarío!...

Lisardo   (Tomándola una mano y besándosela con ansiedad.)
No basta..., no, que un volcán
es mi pecho. El corazón
arde. Y crece una pasión
en mí tan gigante, tan
de indómita condición,
que..., ¡Zora...!, ¡Zora...!, piedad...

(Abatido.)   No sé lo que pasa en mí.
Nunca en mi alma conocí
tan quemadora ansiedad...

(Con vehemencia.)   Ámame, o me muero aquí.

Zora   (Con acento enternecido.)
¡Mi Lisardo!

Lisardo (Enajenado.) ¡Oh deliciosa
voz, cual no escuché jamás,
y que embriagándome estás
el alma...!

Zora (Tímida.) Seré tu esposa...
¿Puedes, di, pretender más...?

Lisardo (Con ansiedad.)
Sí, mi esposa... Y ¿me amas? Dime.

Zora (Con ternura.) Te amo..., sí.

Lisardo (Levantándose, fuera de sí.)
No puede ser
que a un hombre mate el placer,
si aun vivo. ¡Oh dicha sublime!
¡Cielos, me ama una mujer!

(Abraza a Zora.)

Zora Pero no basta, Lisardo,
que cual me dices me adores,
ni que corresponda amante
mi pecho a tus intenciones,
pues para ser yo tu esposa,
y darte de esposo el nombre,
es preciso que mi padre,
que habita un albergue pobre,
en lo más repuesto y solo
de estos intrincados bosques,
me conceda su permiso,
bendiga nuestros amores,
y que en sus manos me jures

| | ante Dios y ante los hombres
la fe del estrecho lazo
que solo la muerte rompe. |

Lisardo (Impaciente.) Obstáculos a mi anhelo...
                      ¿Quién indiscreto los pone?

Zora (Asustada.)   ¡Lisardo...!

Lisardo (Confuso.)   No..., Zora mía.
                      A tu voluntad conforme,
                      corro a buscar a tu padre
                      para que grato corone
                      esta dicha, que en la esfera
                      del Sol radiante me pone.
                      Vamos,. pues... Mas si, insensato,
                      se opusiese...

Zora (Consternada.)   ¡Oh Dios!... ¿Entonces...?

Lisardo (Resuelto.)   Amándome tú, en el mundo
                      no habrá quien mi dicha estorbe.

(Van a marchar y sale Liseo, viene con túnica negra, barba blanca y apoyado en un báculo, y los detiene.)

Liseo   Ten en el paso, que a tu encuentro
                      salgo para que la logres.
                      Padre amoroso de Zora,
                      seguíla a este sitio, donde
                      he escuchado tus palabras
                      escondido entre esas flores.
                      Y la llama conociendo
                      que arde en vuestros corazones,

                        y que en ti feliz encuentra
mi adorada prenda el hombre
más capaz por su cariño,
y más digno por sus dotes
de asegurar su ventura,
de merecer sus favores,
por esposa te la otorgo
ante Dios y ante los hombres.
Y bendeciré este enlace,
que hasta la muerte te impone
el compromiso sagrado
de ser su amparo, su norte,
su firme amante y su dicha,
si a jurarme te dispones
el cumplir eternamente
tan santas obligaciones.

Lisardo   (Con decisión.)
Yo lo juro por los cielos,
anciano, y airados sobre
mi frente su ira tremenda
y su maldición desplomen
si quebranto el juramento
que ahora de mis labios oyes.

Liseo (Abrazándolo.) Pues ahora ven a mis brazos,
para que ellos te coloquen
en los de tu amante esposa,
que tu tierno amor coronen.

(Entrega Zora a Lisardo y se abrazan estrechamente.)

Lisardo   (Con agitada vehemencia.)
Celeste luz de mi dichosa vida,

astro de amor y de delicias lleno,
ven, y descansa en mi agitado seno,
que ardiente apenas puede respirar.
Ven, que al tenerte en mis convulsos brazos,
al alentar tu embalsamado aliento,
una existencia tan divina siento
por mis estrechas venas circular,
que juzgo que en el Cielo es imposible
más venturoso ser. Ven, ¡oh alma mía!
Miro en tu rostro un sempiterno día,
en tus ojos un Sol eterno arder.
Todo el confuso afán de mis delirios,
todas las ilusiones de mi mente
hoy se realizan al besar tu frente;
desfallezco de gozo y de placer.

(Cae sentado con Zora en el asiento rústico que estará en medio de la escena, y Liseo se coloca detrás, extendiendo los brazos sobre ambos. El asiento se eleva del suelo y se convierte en un trono formado de flores, de mariposas, de palomas y de tórtolas, y rodeado de cisnes, delfines y conchas, y entra por un lado y otro una tropa de salvajes y de sílfides que bailan en rededor, formando lazos con guirnaldas y bandas de colores, y ofreciendo a Lisardo y a Zora ramilletes y canastillos de flores. Concluida la danza, se retiran, y con ellos Liseo. Y desaparece todo, quedando el asiento rústico como estaba en el principio, y en él Lisardo y Zora como embelesados. Y tras de breve pausa se oirá debajo del tablado la Voz del genio del mal.)

Voz del genio del mal Lisardo, en el mundo hay más.
                      El tiempo perdiendo estás.
                      ¿Qué es belleza
                      sin riqueza...?
                      Busca riqueza, riqueza tendrás.
                      Lisardo, en el mundo hay más.

(Lisardo se pone de repente inquieto y pensativo.)

Zora   ¿Qué, Lisardo, te suspende...?
                      Yo no sé qué advierto en ti.
                      ¿No eres venturoso...? Di...
                      Algo tu anhelo pretende.

Lisardo   ¡Ay Zora! Sí. Aunque tu amor
                      es el aura que respiro,
                      y aunque dichoso me miro
                      de tu encanto poseedor,
                      a las dichas de mi pecho
                      y a tu divina hermosura
                      esta soledad oscura
                      me parece campo estrecho.

Zora   (Con ansiedad y ternura.)
                      ¿Aquí contento no estás...?

Lisardo   (Con vehemencia.)
                      A tu lado, hermosa mía,
                      toda mi alma es alegría.

(Suena bajo el tablado la Voz del genio del mal.)

Voz del genio del mal   Pero hay en el mundo más.

Zora   ¿No te encantan estas flores
                      por las auras regaladas,
                      que, risueñas y esmaltadas,
                      dan balsámicos olores?
                      ¿No está pomposa techumbre
                      de verdes hojas y ramos,
                      bajo de la, cual gozamos

              del Sol templada la lumbre?
              ¿No de este prado las galas?
              ¿No el murmullo de estas fuentes?
              ¿No esas nubes transparentes,
              que el viento lleva en sus alas?
              ¿No la quietud en que estás?
              ¿Esta calma...? ¿Esta alegría...?

Lisardo   (Que habrá estado muy pensativo mientras ha hablado
              Zora, se vuelve a ella y la abraza con entusiasmo.)
              Sí, me encantan, Zora mía...
              Pero hay en el mundo más.

(Levantándose y creciendo su agitación.)

              Hay más, sí. Lo anhelo todo
              para ti solo, mi amor;
              pues fuera duro rigor
              vivir siempre de este modo.
              Cubran cimbrias esmaltadas,
              bronce y mármol tu beldad;
              no en oscura soledad
              las silvestres enramadas.
              Dente sus suaves olores,
              embalsamando el ambiente,
              quemadas gomas de Oriente,
              mejor que rústicas flores.
              Los sonoros instrumentos
              den a tu descanso arrullo;
              no de un arroyo el murmullo,
              ni de un ave los acentos.
              Ornen tu frente gentil
              oro, perlas y diamantes;
              que esas flores rozagantes

></p>
parécenme adorno vil.
El orbe admirado vea
nuestro fuego sin segundo;
templo magnífico el mundo
de tu alma hermosura sea.
Pompa, riquezas deseo.
¿Qué es sin ellas la beldad?...
¡Abrasado en la ansiedad
de la opulencia me veo!

(Cayendo en repentino abatimiento y paseándose sin hacer caso de Zora.)

      Mas ¿cómo lograrla yo...
      ¿Hay más grande desventura?

Zora   (Que lo ha escuchado al principio asombrada,
      y que lo sigue después inquieta.)
      ¿Mi cariño, mi ternura
      no te bastan...?

Lisardo   (Con despego.)
        Zora, no.

(Volviendo en sí y abrazándola.)

      Con toda el alma te adoro;
      pero hay en el mundo más.

Zora (Afligida.) ¿Te importuno ya quizás...?

Lisardo (Fuera de sí.) Ansío la pompa y el oro.
      El brillo de las riquezas
      es quien da brillo a los nombres...

(Creciendo su inquietud.)

     ¿Cómo consiguen los hombres
     los tesoros y grandezas?
     Si no los logran mis brazos,
     ni los alcanza mi aliento,
     el frenesí que en mí siento
     me hará el corazón pedazos.

Zora   (Poniéndosele delante, muy afligida.)
     ¡Lisardo...!

Lisardo   (Recibiéndola en sus brazos.)
     Ven, Zora mía;
     ven, que te idolatro, sí.
     Pero vivir siempre aquí,
     vivir en cárcel sería.
     Si no logro mis anhelos,
     y si es en la soledad
     oscura felicidad
     la que me otorgan los cielos,
     como te tenga a mi lado,
     no me importará volver
     al peñasco donde ayer
     era tan desventurado.
     O al fin, burlando el rigor
     de tan oscuro existir,
     entre tus brazos morir...,
     ¡esto fuera lo mejor!

(Se inclina abatido en el hombro de Zora. Se abren y apartan los árboles del fondo y dejan ver a lo lejos un magnífico palacio; se oyen un cuerno de caza, caracoles y ladridos. Se reanima Lisardo, mirando sorprendido a todas partes, y salen Clorinardo y Fineo, ricamente vestidos de cazadores, y con ellos cuatro

Caballeros lo mismo y una tropa de Monteros y Villanos, unos con perros de caza, otros con azores.)

Clorinaldo Ya en el cenit sentado
la viva lumbre de su eterna llama
por los campos derrama
con tanta furia el Sol, que bosque y prado
mustias miran sus ramas y sus flores.
Y ahogados de calor los cazadores,
y de sed abatidos los lebreles,
no encuentran ya más fieras
que herir gallardos, o acosar crueles,
por estos campos, montes y riberas.
No mira el gerifalte
ave pintada que veloz esmalte
las leves nubes que ornan el espacio.
Si os parece, Lisardo generoso
vamos a tu magnífico palacio
a disfrutar de plácido reposo,
que no ha sido perdida la mañana,
pues caza habemos hecho
que debe de dejarte satisfecho;
y de ella nuestra gente estar ufana.

Fineo Es, amigo Lisardo,
tan rica y abundante,
que excede a lo que pinta Clorinardo.

(Señalando al lado por donde salieron.)

Ahí la tienes delante.
A examinarla ven, pues imagino
que quedará saciado tu deseo,
rindiendo por trofeo

                        al encanto divino
                        de tu adorada esposa,
                        que es de tu pecho y de estos valles diosa
                        tanta fiera postrada,
                        ya por nuestros venablos humillada,
                        ya por los fieles perros
                        que atruenan con ladridos estos cerros.
                        Tanta garza real, y aves tan raras,
                        a que cortara el vuelo
                        o la acerada punta de las jaras,
                        o el neblí volador allí en el cielo.
                        Ni un solo tiro ha errado Clorinardo.
                        Ven a verlo por ti, noble Lisardo.

Clorinaldo   Di mejor que la caza de este día
                        se debe a tu destreza y valentía,
                        generoso Fineo.

Lisardo   (Acercándose con Zora al bastidor y manifestando
                        gozosa admiración.)
                        ¡Ah!... Sí, amigos, ya veo
                        con admirados ojos
                        rendidos a mis pies tantos despojos.
                        ¡Qué feroces y rudos jabalíes!
                        ¡Qué cervales rodados!
                        ¡Cuántos ligeros corzos y venados!
                        Muy bien han trabajado los neblíes,
                        según la inmensa suma
                        de aves gallardas de brillante pluma
                        que llenan de placer la vista mía.
                        ¡Ay mi Zora adorada!
                        ¿No estás de este espectáculo encantada?

Zora (Con sencillez.)   A mí solo me encanta tu alegría,

Lisardo	(Con sencillez.)
	Y a mí tu amor.
(Impaciente.)	Pero al palacio vamos;
	y ni un momento más nos detengamos.

(Vanse Clorinardo, Fineo, los Cazadores y Villanos, y al salir Lisardo y Zora cambia la decoración.)

Escena III

Magnífico salón adornado fantásticamente de mármoles, bronces y ricos cortinajes. Lisardo y Zora, que iban a salir, retroceden admirados al centro de la escena.

Lisardo (Sorprendido.) ¡Cielos, cielos!... ¿Deliro?
　　　　A mi afán sobrepuja cuanto miro.

(Salen por un lado cuatro Pajes ricamente vestidos, y en afazates de plata traen magníficas ropas para Lisardo. Al mismo tiempo. por el lado opuesto, salen cuatro Damas y con iguales afazates con vestidos y joyas para Zora. A cada lado se alzan del suelo dos caprichosos tocadores con espejos de metal, y delante de uno visten los Pajes a Lisardo y las Damas a Zora delante del otro; retirándose unos y otros respetuosamente por el mismo sitio por donde salieron, y desaparecen los tocadores. Zora queda, como indiferente a todo en el puesto que la vistieron, y Lisardo, después de examinarse a sí mismo, con gran complacencia, vuelve los ojos a Zora y corre a abrazarla, transportado de alegría.)

　　　　¡Qué hermosa estás así!
　　　　¡Qué bien adornan tu lozana frente
　　　　el oro y el rubí
　　　　con la cándida perla del Oriente!
　　　　¡Oh cuán gallarda estás
　　　　de seda con la ropa rozagante!
　　　　¡Y cuánto luce más

(La abraza.)	la nieve de tu seno palpitante! Abrázame, mi amor. Nada iguala las dichas que hoy poseo. Mi ventura es mayor que cuanto ambicionaba mi deseo.
Zora	(Con tierna sencillez.) Yo, como en el vergel, soy en este palacio venturosa, pues aquí, como en él, logro llamarme tu querida esposa.
Lisardo	(Después de abrazarla cariñosamente y reconociendo dudoso el salón.) ¿Dónde, Zora, estarán, los tesoros inmensos y riqueza que fundamento dan a tanta pompa y sin igual grandeza?

(Salen Natalio, viejo, ricamente vestido con una pértiga de plata en la mano; detrás de él, de dos en dos y en buen orden, armenios, persas, indostanos, árabes, chinos, etíopes, moscovitas, dálmatas y otras figuras fantásticas; que en cofres de oro, en sacos de púrpura, en caprichosas angarillas y palanquines, en grandes bateas, en primorosos pebeteros y en las manos y en los hombros, traen diferentes riquezas que se enumeran en la relación siguiente. Al mismo tiempo salen y se alzan del tablado, en el fondo, elegantes aparadores, donde se vayan colocando con vistoso orden y aparato todos aquellos objetos.)

Natalio	(Saludando con gravedad y respeto a Lisardo y a Zora.) Esclarecido Lisardo, señor a quien reverencian por su dueño estos contornos, por su amparo estas aldeas.

> Yo, intendente de tu casa
> y colector de tus rentas,
> te presento el rendimiento
> que ofrecen lejanas tierras
> a tus plantas en tributo,
> pábulo de tu opulencia.

(Van pasando los Comparsas presentando lo que traen y haciendo profunda reverencia.)

> El monte Ofir, granos de oro;
> el mar de Oriente, sus perlas;
> sus pedrerías, Golconda;
> sus ricos tejidos, Persia;
> sus perfumes, el Arabia;
> China, matizada seda;
> Libia, sus rizadas plumas;
> vistosas pieles, Siberia;
> marfil, Orisa; Sidonia,
> púrpura; cristal, Venecia,
> y cuanto el arte produce,
> modifica y hermosea.
> Todo esto, señor, es tuyo;
> feliz disfrútalo, y sean
> eternidades los años
> que goces tantas riquezas
> en los brazos de tu esposa
> y en la quietud de esta tierra.

(Después que los Comparsas dejan acomodado todo en los aparadores, se forman en ala en el fondo de la escena, y Natalio, haciendo una profunda reverencia a Lisardo, les hace señal con la pértiga de plata, y vanse de dos en dos; detrás de él, Lisardo recorre atónito los aparadores, como embriagado de tanta riqueza, y se dirige después a Zora, que habrá conservado su sencilla indiferencia.)

Lisardo   Bella Zora, mi bien, ¡qué alta ventura
                   es para mí ofrecer hoy a tus plantas
                   la inmensa suma de riquezas tantas
                   como debido obsequio a tu hermosura!
                   Con tal tesoro y con tan linda esposa,
                   ¿qué más puede anhelar el ansia mía?
                   Más allá no es posible en la alegría
                   que en mi saciado corazón rebosa.
                   ¿No estás contenta?... Di.

Zora   Siempre a tu lado,
                   si me quieres, Lisardo, estoy contenta.
                   Es mi dicha tu amor, ora opulenta,
                   ora indigente; como plazca al hado.

Lisardo   (Abrazando a Zora.)
                   Me enajena el placer, Zora querida.
                   Más dicha apetecer fuera demencia,
                   que en tus brazos gozar y en la opulencia
                   el breve curso de la humana vida.
                   ¡Ah!, venga a contemplar tanta ventura
                   el mundo todo, y su deidad te aclame.
                   Venga, y el hombre más feliz me llame
                   por dueño de tu amor y tu hermosura.

(Salen Fineo y Clorinardo con cuatro Caballeros de los que salieron de cazadores, y todos vestidos de gala.)

Fineo (Muy rendido.)   Ya que estaréis descansados,
                       ¡oh Lisardo, oh linda Zora!,
                       a obsequiaros y a serviros

	nuestra amistad fina torna.
Clorinaldo	Y a contemplar, si permites,
	estas riquezas que adornan
	tu magnífico palacio
	y tu ventura coronan.

(Se acercan a los aparadores con los cuatro Caballeros.)

Lisardo	(Obsequioso.)
	Seáis entrambos bien venidos
	a ver cuánto es venturosa
	mi suerte, y cómo los cielos
	hoy de sus dones me colman.
Fineo	(Acercándose muy rendido a Zora.)
	¡Oh, qué bella resplandece
	vuestra noble faz, señora,
	Sol que ilumina las almas
	de cuantos miraros gozan!
Zora	(Con sencilla indiferencia.)
	Siempre galante, Fineo,
	sois en palabras y en obras.
Lisardo	Pero hoy la verdad te dice
	que eres un prodigio, Zora.
Clorinaldo	(Repasando con ávidos ojos las riquezas.)
	Ved, amigos, qué portento
	de tesoros se amontona
	en estos aparadores.
	¡Dichoso quien tanto logra!

(Clorinardo y los Caballeros hablando entre sí, lo mismo que Fineo y Zora; aquél, con vehemencia, y ésta, sosegada. Y Lisardo, que se había mostrado muy complacido, queda trastornado oyendo sonar bajo el tablado, como siempre, la Voz del genio del mal.)

Voz del genio del mal Es acechada
             la belleza.
             Es codiciada
             la riqueza.

Fineo   De cuantos ricos tesoros,
             de cuantas soberbias joyas
             en su espacioso recinto
             este alcázar atesora,
             es el más resplandeciente,
             es la más encantadora
             el de la belleza suma
             de vuestras divinas formas,
             el de la expresiva gracia
             de vuestras acciones todas.
             Y venturoso Lisardo...

Zora   Cesen ya vuestras lisonjas.
             Con tener ese tesoro,
             con poseer tan rica joya
             a los ojos de Lisardo
             me tengo por venturosa.

(Siguen hablando entre sí.)

Clorinaldo   (Siempre recorriendo los aparadores.)
             ¡Oh, qué envidiable opulencia!
             El alma me tiene absorta.

(Sigue hablando con los suyos.)

Lisardo(Desde que oyó la voz corre desatentado, ya a escuchar lo que hablan Fineo y Zora, ya a espiar a Clorinardo y a los cuatro Caballeros, y convulso y despechado se para a un lado, y dice aparte.)
¡Ah! ¡Clorinardo, Fineo!,
con su presencia me ahogan;
de uno, las dulces palabras;
de otro, las miradas torvas;
¡toda el alma me envenenan,
todo el pecho me destrozan.
Codician, sí, mis venturas...
Las acechan... Me las roban...
El corazón me atormentan
tal temor y tal zozobra
siento en mí, tales recelos,
tales ideas se agolpan
en mi acalorada frente,
que en una sima espantosa
de tormentos insufribles
y de infernales congojas
me confundo. ¡Cielos, cielos!,
¿qué dice Fineo a Zora...?
Clorinardo, ¿qué proyectos
dentro de su mente forja?

(Resuelto.) ¡Ah!, devórelos la llama
que mi airado pecho brota.
No tengo espada, no tengo
espada... ¡No!... Mas ¿qué importa?
Tengo brazos, y con ellos
y con mi esfuerzo me sobra
para hacer cien mil pedazos
al que intente...

(Conteniéndose.)　　　　¿Dó me arroja
　　　　　　　　　　　mi furor?... ¡Ah!, reprimirme
　　　　　　　　　　　tal vez me conviene ahora,
　　　　　　　　　　　que cuando hay que perder mucho
　　　　　　　　　　　la decisión no es tan pronta.

(Alto y con voz templada.)

　　　　　　　　　　　¡Oh Clorinardo, oh Fineo!
　　　　　　　　　　　Escuchadme, amigos, ¡hola!

Clorinaldo　　　　　　(Acercándose muy solícito.)
　　　　　　　　　　　¿En qué podemos servirte?

Fineo (Acercándose.)　Dispón de nuestras personas.

Lisardo (Turbado.)　　Aún más descanso quisiera,
　　　　　　　　　　　que está fatigada Zora.

Fineo　　　　　　　　Al punto nos retiramos;
　　　　　　　　　　　nuestra imprudencia perdona.

Clorinaldo　　　　　　Tornaremos cuando gustes,
　　　　　　　　　　　porque nos anima sola
　　　　　　　　　　　el ansia de complacerte.

Fineo　　　　　　　　(Mirando a Zora.)
　　　　　　　　　　　¡Oh, qué mujer tan hermosa!

(Vase.)

Clotardo　　　　　　　(Mirando a los aparadores.)
　　　　　　　　　　　¡Oh, qué envidiable riqueza!

(Vase con los cuatro Caballeros.)

Lisardo			La rabia mi pecho ahoga.

(Queda sumergido en honda y sombría meditación, y Zora, después de observarle con afán, corre a él con la mayor ternura.)

Zora			Mi Lisardo, mi esposo,
			mi único bien..., ¿qué tienes?
			¿A abrazarme no vienes?...
			¿Se ha entibiado tu amor?
			Turbado, cuidadoso
			desque riquezas tantas
			contemplas a tus plantas,
			te miro con dolor.

Lisardo (Agitadísimo.)	Aparta, que tu voz de una manera
			vibra en mi corazón
			que no puedo explicar, aunque quisiera,
			y me llena de furia y confusión.

Zora (Afligida.)		Lisardo, consternada,
			¡oh mísera infelice!,
			lo que tu labio dice
			me ha dejado.¡Ay de mí!
			En tu mente agitada,
			¿qué feroz pensamiento
			reina en este momento
			que te ha mudado así?

Lisardo			Reinan, ¡oh Zora!, en mi confuso pecho
			tal zozobra y afán,
			que tienen, ¡ay!, mi corazón deshecho,

| | y mi alma rota envenenando están.
| | Tu hermosura y tu amor en mi garganta
| | son áspero cordel,
| | y en torno veo, entre riqueza tanta,
| | de engaños y de sustos un tropel.

Zora   (Con gran ternura.)
        Explícame, Lisardo,
        la pena que te oprime.
        Lo que en ti pasa dime.
        ¡Ay!, me muero si no.
        Habla, que ansiosa aguardo
        de tu amargo delirio,
        de tu afán y martirio
        ser el consuelo yo.

Lisardo (Abatido, aparte.)
        ¡Ay!... Un labio tan puro y delicioso,
        ¿podrá, ¡cielos!, mentir...?
        Acaso... No, imposible. ¡Qué horroroso
        entre duda y recelo es el vivir!
(Alto.) ¿Qué te decía tan galán Fineo?
        ¿De qué, dime, te habló?
        Solo el averiguarlo es mi deseo;
        dímelo al punto, pues lo exijo yo.

Zora   Yo, Lisardo, gustosa
        referírtelo quiero:
        rendido y lisonjero
        elogió mi beldad.
        Me dijo que era diosa
        de almas y corazones...

(Turbada al mirar el semblante de Lisardo.)

| | Mas ¿pálido te pones
y crece tu ansiedad...? |
|---|---|
| Lisardo (Furioso.) | ¡Cielos! ¿Y tú gozosa lo escuchaste?
¿Y lo osas repetir...?
¿Qué veneno en mi pecho derramaste?
¿En qué sima infernal me vas a hundir? |
| Zora (Con ansiedad.) | ¡Lisardo!... ¿Qué te altera?
¿No eres tú el que querías
de nuestras alegrías testigo el mundo hacer?
Y ahora de esta manera,
porque me elogia el mundo,
en rencor furibundo
miro tu pecho arder.
Y feroz y celoso
de mi fe pura y santa,
con injusticia tanta
te atreves a dudar.
Vuelve en ti, dulce esposo;
injustos son tus celos,
lo juro por los cielos...
Ven..., tórname a abrazar.
Ven, injusto Lisardo,
y a la selva tornemos,
donde tantos extremos
a tu amor merecí.
Pues tiemblo y me acobardo
al mirar tu semblante,
inquieto y delirante,
desde que estoy aquí. |

Lisardo (Que durante la relación anterior habrá caído en profundo abatimiento, se arroja en brazos de Zora.)
¡Ay de mí! ¡Zora!... Tu divino acento
bálsamo es celestial!
que de mi corazón calma el tormento.
Ven a mi seno, esposa angelical.
¡Ah! Perdona a mi amor puro y ardiente,
¡oh divina mujer!,
que en furia se convierte de repente
si teme que tu encanto va a perder.
Sí; estoy seguro de que nadie puede
tu tierno corazón
robarme, porque es bronce que no cede
al golpe de la inicua seducción.
Mas otro susto, aunque menor...

Zora (Dudosa.) ¡Lisardo!

Lisardo Zora, ¿no viste, di,
la envidia y ansiedad de Clorinardo
al ver estas riquezas que hay aquí?

Zora ¿Las codicia tal vez...?

Lisardo Robarlas quiere.
Mas no las robará,
aunque con esos cómplices viniere,
con los que acaso un plan ha urdido ya.
Mas no tengo, entre tanto como tengo,
una espada... Y tal vez...

(Resuelto.) Mas no importa, que en tanto que la obtengo
me sobran mi denuedo y mi altivez.

(Recorre inquieto la escena, y Zora le sigue con la vista. Suena debajo del tablado la Voz del genio del mal.)

Voz del genio del mal Amparo de la belleza,
defensor de la riqueza
es el poder.
El da al hombre
gloria y nombre,
fama eterna, eterno ser.

(Lisardo, que oye esta voz, viene al centro de la escena y queda pensativo.)

Zora (Acercándose a Lisardo.)
¿Qué nueva inquietud, Lisardo,
noto en tu semblante yo?
¿Qué otro nuevo pensamiento
agita tu corazón?

Lisardo Contemplando estaba, Zora,
que cuando el Cielo me dio
de tu beldad el tesoro,
con el inmenso valor
de esas riquezas, dominio
y poder darme debió,
para ser de ti y de aquéllas
el amparo y protección.
Y porque, al cabo, ¿qué sirven
y del mundo en este rincón
un palacio, esas riquezas,
tanta dicha, tanto amor?
Mi ardorosa fantasía
y mi activo corazón
han menester más espacio
y una esfera superior.

                          Hombres a quienes el Cielo
                          el temple que tengo yo
                          les concede, necesitan
                          dar muestras de su valor:
                          tener mando y poderío,
                          y un renombre, que en la voz
                          de la fama imponga al mundo
                          respeto y admiración.

Zora (Asustada.)   ¡Lisardo!...

Lisardo   Sí, Zora mía.
                          No puedo ocultarlo, no.
                          Arde en tan activo fuego
                          mi gigante corazón,
                          que es estrecho este recinto
                          para extender su explosión.
                          Quiero volar a otro espacio,
                          y de gloria y nombre en pos
                          quiero recorrer el mundo;
                          quiero...

Zora (Afligida.)   ¡Desdichada yo!
                          Abandonar, ¡oh Lisardo!,
                          esta opulenta mansión,
                          y, el delicioso sosiego
                          que el Cielo te concedió,
                          despreciando estas riquezas,
                          y mis brazos, y mi amor.
                          ¡Insensato!

Lisardo   Zora mía,
                          porque crece la pasión
                          con que te adoro, deseo

gloria y poderío yo.
Ya a mis ojos esas joyas
que adornan tu frente son
vil adorno, aunque tan rico;
quiero dártelo mayor,
del poder y de la gloria
el eterno resplandor,
y el de un nombre esclarecido,
y el de un soberbio blasón.
Quiero que, atónito, el mundo,
al verte, diga a una voz,
amante no, reverente,
con más respeto que amor:
«Esa esposa es de Lisardo,
del que el orbe dominó;
del que igual no reconoce
en cuanto descubre el Sol.»

Zora

Me estremece tu osadía,
me confunde tu ambición.
La dulce paz de las selvas
tu delirio desdeñó,
y la opulencia tranquila
ya cansa a tu alma feroz.
¡Ay Lisardo!

Lisardo

Amada esposa,
tu encanto, tu tierno amor
son los que me empujan solo
a ansiar el verme mayor.

(Agitado.)

¡Cielos..., cielos! Concededme
camino por donde yo
consiga poder y gloria...
Presentadme una ocasión

(Fuera de sí.)	para que conozca el mundo dónde alcanza mi valor. Todas aquellas riquezas, que ya despreciables son a mis ojos, trocaría por mirarme triunfador en un campo de batalla; por ver a mi altiva voz cien legiones obedientes; por oír en la aclamación de un pueblo entero mi nombre llegar al trono del Sol. ¿Por qué estas delgadas sedas templado acero no son?... ¿Por qué estas joyas en armas no cambia la suerte?... ¡Oh!
Zora (Muy afligida.)	Lisardo, Lisardo mío... ¡Ay, qué fuego arde feroz en tus ojos!... Cuál tu pecho agitado...
(Va a abrazarlo.)	
Lisardo	(Rechazándola, fuera de sí.) Aparta, no... Peligros, fatigas, todo... Hasta crímenes...
Zora	(Retrocediendo, asustada.) ¡Qué horror!
Lisardo	Logre por cualquier camino poder y dominio yo.

(Quedan en la mayor agitación. Suenan a lo lejos trompas y timbales. Se estremece Lisardo, y queda pasmada Zora. Enseguida se oye rumor de pueblo. Corre Lisardo desatentado de un lado a otro, y suenan voces dentro.)

Voces (Dentro.)	¡Viva nuestro general! ¡Viva el valiente Lisardo!
Otras voces (Dentro.)	Defendiéndonos gallardo adquiera nombre inmortal.
Zora (Admirada.)	¡Lisardo!... ¡Cielos!
Lisardo	(Abrazándola, enajenado.) Zora..., ¡esposa mía...!
Zora	¿Escuchas?
Lisardo	Ya escuché... ¡Dichoso día!

(Entra Arbolán ricamente vestido, con seis Caballeros armados y dos Pajes, que en bateas de plata traen: uno, una coraza y un casco magníficamente empenachado, y otro, un escudo, una espada y un manto, y entran también una tropa de guerreros y otra de pueblo.)

Guerreros	¡Viva nuestro general! ¡Viva el valiente Lisardo!
Pueblo	Defendiéndonos gallardo adquiera nombre inmortal.
Arbolán	Lisardo generoso, de tu valor y esfuerzo noticioso, nuestro gran rey me envía

para, en su nombre, el mando
darte de sus ejércitos, ansiando
que defiendas su extensa monarquía,
que hoy las falanges bárbaras circundan,
y de sangre y de lágrimas inundan.
Viste la noble malla,
empuña altivo el fulminante acero,
y en reñida batalla
rinde y destroza al enemigo fiero,
que encadenar a nuestra patria intenta,
y que de nuestro rey el nombre afrenta.

(Empiezan los Pajes a armar a Lisardo.)

Lisardo (Orgulloso.)   El mando acepto. Y en mi estrella fío
que pronto la victoria coronará
de gloria el alto aliento de mi noble brío.

Zora   (Afligida, queriendo abrazar a Lisardo.)
¡Oh Lisardo!... ¡Oh mi bien!

Lisardo (Con desdén.)   Déjame, Zora;
de caricias y amor no es tiempo ahora.

(Al ceñirle la espada, la empuña y dice aparte.)

¡Cielos!... Tengo una espada,
y la tengo empuñada
con garra de león. ¡Ah! Tiemble el mundo,
pues siento de mi pecho en lo profundo
todo un volcán arder, y de él alzarse
y hasta el cielo lanzarse
alma tan colosal, que una corona
de soles busca en la elevada zona.

(Ya acabado de armar, dice alto y con energía.)

>Valerosos guerreros,
>volemos al combate, a la matanza;
>un triunfo en cada lanza
>miren temblando los contrarios fieros.
>La muerte o la victoria;
>o al sepulcro, o al templo de la gloria.

(Le presentan un escudo, se sube en él y, atravesando por debajo de él dos lanzas, le alzan cuatro Soldados de tierra, y así sale de la escena.)

Zora   (Arrojándose a su encuentro, desconsolada.)
¿Dónde, Lisardo, vas?

Lisardo   Donde me llama
el astro del dominio y de la fama.

(Vanse. Cae el telón.)

Acto II

Escena I

La escena representa la gran plaza de una magnífica ciudad oriental, ocupada, como los balcones y azoteas, por un pueblo inmenso, en que se vean distintas clases, edades y sexos. Tremolarán banderas de colores en las torres y obeliscos. Se oirán bandas de músicas militares. Sale una tropa de guerreros; detrás de ellos, trofeos de pendones y armas vencidas, y luego Arbolán con los mismos seis caballeros que le acompañaban en la última escena del acto anterior. Después, un magnifico carro triunfal, tirado por cuatro reyes bárbaros encadenados, y rodeado de un toro de doncellas, vestidas de blanco, con guirnaldas y pebeteros que echan humo. En el carro sale sentado Lisardo con un rico y brillante capacete, coronado de vistosas plumas, y vestido de armas resplandecientes, y encima un manto de púrpura. Detrás del carro saldrán guerreros cautivos. La escena estará alumbrada con llama de bengala. El carro se parará en medio de ella, y en su rededor bailarán las doncellas. Y el pueblo se prosterna ante él. La gruta de Marcolán estará siempre inmutable.

Un guerrero	¡Viva nuestro general, el valeroso Lisardo!
Uno del Pueblo	Defendiéndonos gallardo adquirió nombre inmortal.
Todos	¡Viva nuestro general!
Un guerrero	(Cantando acompañada por la orquesta.) Un rayo es su espada que al bárbaro aterra, Y al dios de la guerra causara pavor.
Coro	(Cantando acompañado por las bandas militares.) ¡Viva el vencedor!

Voz	La patria salvada por su esfuerzo vemos; ufanos cantemos su heroico valor.
Coro	¡Viva el vencedor!
Voz	Glorioso su nombre, que el orbe proclama, alcance en la fama eterno loor.
Coro	¡Viva el vencedor!
Voz	Y aterre y asombre, deshaga y confunda la saña iracunda de todo invasor.
Coro	¡Viva el vencedor!

(Vuelven a bailar las Doncellas un momento, y se pone en movimiento lentamente el carro.)

Un guerrero	¡Viva nuestro general, el valeroso Lisardo!
Uno del Pueblo	Defendiéndonos gallardo adquirió nombre inmortal.
Todos	¡Viva nuestro general!

(Sale el carro de la escena, y vanse por un lado y otro, con la rapidez posible, el pueblo y los coros.)

Escena II
Se alza por escotillón un magnífico trono, y en él sentados el Rey y la Reina, con manto real y corona. Rápidamente se cambia la escena al mismo tiempo en un salón fantástico y magnífico. Salen por un lado y otro guardias, damas, pajes y cortesanos, todos vestidos de gala, y Lisardo con la cabeza descubierta, seguido de Arbolán y de sus seis caballeros.

Rey
Valeroso Lisardo, en quien el mundo
ve arder un Sol de gloria sempiterna,
defensor de mi reino y de mi trono,
ven, y a mis brazos, cual mereces, llega.
Ven a que ciñan tus gloriosas sienes
de laurel eternal mi mano regia.
Ven a ser el segundo de mi imperio,
y la joya mayor de mi diadema.

Lisardo
Monarca generoso, cuyo nombre
postrado el mundo atónito respeta,
y a quien espero que mi fuerte lanza
haga dominador de la ancha tierra,
esas palabras que os dignáis hablarme
son premio suficiente y recompensa
de mis fatigas todas, y me ensalzan
de la inmortalidad a la alta esfera.
Logre la dicha, sí, de que mi frente
vuestra mano real hoy engrandezca
con el verde laurel. Mas permitidme
que, antes que goce las mercedes vuestras,
las reclame en favor de los valientes
que con esfuerzo heroico y fortaleza
a lograr la victoria me ayudaron

               y a dar cima feliz a mis empresas.
               El valiente Arbolán, y estos valientes,
               que hoy ante vuestro solio se presentan,
               a mi lado gloriosos combatieron,
               arrollando las bárbaras enseñas
               y sembrando el asombro y exterminio,
               de la patria y de vos en la defensa.
               Antes que a mí premiadlos, yo os lo ruego.
               Dadles el galardón de sus proezas,
               pues sin su esfuerzo y lanzas invencibles,
               el término felice de la guerra
               no hubiera, no, tan pronto coronado
               nuestro noble valor con gloria eterna.

Rey   Con tu esfuerzo, Lisardo generoso,
               que compita pretendes tu nobleza.
               Ven, y el laurel recibe de mi mano;
               y a tu gusto después corona y premia,
               como dispensador de mis mercedes,
               a los que han militado en tus banderas.
               Tú, testigo ocular de sus hazañas;
               tú, ejemplo de su arrojo y fortaleza;
               tú, segundo en mi imperio, eres el solo
               que en mi nombre ha de darles recompensa.

Lisardo (Aparte.)   ¡Oh inefable placer!... Es imposible
               que alcance un hombre superior esfera.
               ¡Ah!... Todos mis afanes se han cumplido.
               No hay mortal más feliz que yo en la Tierra.

(Al acercarse al trono clava los ojos en la Reina, y se turba. Aparte.)

               ¡Cielos!... ¡Qué Sol radiante de hermosura!
               Merece ser del Universo reina.

(Llega al trono, hinca las rodillas delante del Rey, y éste toma un laurel, que le presenta un Paje en una batea, y corona a Lisardo. Entre tanto suena bajo el tablado la Voz del genio del mal.)

Voz del genio del mal Lisardo, en el mundo hay más.
　　　　　　　　　　　Tú de rodillas estás
　　　　　　　　　　　delante de este dosel,
　　　　　　　　　　　y un hombre sentado en él,
　　　　　　　　　　　que no es, cual tú, vencedor.
　　　　　　　　　　　¿Lo sufrirá tu valor?

(Acaba el Rey de coronar a Lisardo, y éste se levanta agitado y pensativo.)

Rey　　　　　　　La rodilla doblad también, Lisardo,
　　　　　　　　ante las plantas de mi esposa excelsa
　　　　　　　　para que por su mano galardone
　　　　　　　　el insigne valor que en vos alienta.

Lisardo　　　　　(Aparte, acercándose turbado.)
　　　　　　　　¡Oh, qué prodigio de beldad!... Mi pecho
　　　　　　　　al ir a contemplarlo tan de cerca,
　　　　　　　　arde y se abrasa... ¡Oh, cuán venturoso
　　　　　　　　será el mortal que su atención merezca!

(Se hinca de rodillas delante de la Reina, y ésta se quita una rica banda bordada de oro, y la echa al cuello de Lisardo. Entre tanto suena bajo el tablado la Voz del genio del mal.)

Voz del genio del mal Esa divina mujer,
　　　　　　　　　　　¿por qué tuya no ha de ser...?
　　　　　　　　　　　Piensa el camino en que estás.
　　　　　　　　　　　Lisardo, en el mundo hay más.

(Se levanta Lisardo muy agitado, y dice aparte.)

Lisardo
¡Yo de rodillas, yo, y otro hombre en tanto
sentado en un dosel...! ¡Y una hermosura,
una celeste angélica criatura
siendo a mis ojos su amoroso encanto!
No sé qué pasa en mi abismado pecho.
Ni la gloria, ni el eco resonante
del popular aplauso, ni el triunfante
laurel me lo han dejado satisfecho.

Rey
(Levantándose de su asiento.)
¿Qué os suspende, Lisardo...? Ansioso espero
que premiéis en mi nombre los afanes
de esos esclarecidos capitanes,
y en mayor libertad dejaros quiero.

(Baja del trono)

Reina
(Con vehemencia bajando del trono acercándose a Lisardo.)
Modelo de valor y gallardía,
eterna, cual será vuestra alta gloria,
en vuestro pecho reine la memoria
de que esa banda que os ceñís fue mía.

(Vanse el Rey y la Reina y todo el acompañamiento, quedando solos Lisardo, Arbolán y los seis Caballeros.)

Lisardo (Aparte.)
El todo su poder así me deja;
pero no me ha sentado, no, en su trono.
Y de ella, ¡cielos!, el semblante, el tono
No sé qué afán el corazón me aqueja.
Aún hay más, y ese más ha de ser mío.

	¿Por qué me he de parar en la carrera
que ofrece la fortuna placentera
al raudo curso de mi ardiente brío?
Arbolán	(Hincando una rodilla, y lo mismo hacen los seis Caballeros.)
Valeroso general,
permítenos que postrados
tus favores señalados...
Lisardo	(Aparte, mirándolos con complacencia.)
Puestos así no están mal.
Arbolán	... te paguemos...
Lisardo	(Levantándolos con afectada solicitud.)
¡Qué locura! Alzad amigos leales,
pues somos todos iguales
en la gloria y la ventura.
Arbolán	No hay ninguno igual a ti.
Lisardo (Aparte.)
(Alto.)	¡Ojalá!
Todos lo fuimos
cuando en el campo vencimos,
y debemos serio aquí.
Arbolán	Nos honras, que fue tu espada
la sola que consiguió
el mayor triunfo que vio
la Tierra. Y es extremada
la bondad con que ante el rey
de elogios hoy nos colmaste
y premios solicitaste...

Lisardo	Muy justos a toda ley. Y pues que en mi mano está el repartirlos, pedid, que vuestro esfuerzo en la lid galardonado será.
Arbolán	Eres generoso y justo; a tu voluntad dejamos el premio, y nos sujetamos a lo que fuere tu gusto.
Lisardo (A Arbolán.)	Tú senescal has de ser del imperio, y del Tesoro quinientos marcos de oro puedes ir a recoger.
(A los Caballeros.)	A aquesto seis caballeros, generales de frontera los nombro, y tras su bandera verán doce mil guerreros. Y dos mil marcos de plata cada cual ha de tomar.
Arbolán	(Arrojándose con los seis Caballeros a los pies de Lisardo.) Déjanos tus pies besar. Tuviéramos alma ingrata a no demostrar así que esclavos tuyos nos haces; y hasta de morir capaces somos, Lisardo, por ti.
Lisardo	Alzad, amigos; alzad.

Arbolán	(Levantándose.) ¡Oh, qué bondad tan inmensa!
Lisardo (Con énfasis.)	Solo quiero en recompensa que me juréis amistad.
Arbolán	(Con vehemencia.) ¡Ojalá llegue ocasión en que de ella reclaméis!...
Lisardo	¿A todo me ayudaréis?
Arbolán (Resuelto)	Nuestros brazos vuestros son.
Lisardo	Está bien. ¿Y los soldados?
Arbolán	Os adoran, general. No reconocen igual en todos estos Estados.
Lisardo (Satisfecho.)	Está bien. Víveres, oro, laureles les repartid, y en mi nombre les decid que su amor es mi tesoro.
Arbolán	Sois su numen tutelar; confianza en ellos tened, vuestro apoyo en ellos ved, que a todo os han de ayudar.

(Vase con los seis Caballeros.)

Lisardo	(Después de meditar un momento.) Grandes mis dichas son.

	Mucho le debo, mucho, a la fortuna.
	Ya solo un escalón
	hay para una eminencia cual ninguna.
(Mira al trono.)	¿Y no lo he de subir...?
	Fuerza, sí, para hollarlo hay en mi planta.
	¿Quién me lo ha de impedir?...
	Aunque es su altura grande, no me espanta.
	¿Qué me detengo, pues?

(Se dirige al trono, y se para como asombrado.)

	Ante mí, ¡cielos!, se alza una barrera...,
	¡ay, que más alta es
	de lo que mi delirio presumiera!
	Pero qué..., ¿yo temblar?
	¿Yo como un miserable retrocedo?
	No, que allí he de llegar:
	allí ha de colocarme mi denuedo.
	Dadme la muerte hoy,
	¡cielos!, o que ese puesto altivo escale.
	¿Qué es la altura en que estoy,
	si otra mayor encima sobresale?
(Meditando.)	Heroico vencedor
	me pregonan los labios de la fama...
	Por su libertador
	un pueblo entero atónito me aclama.
	¿Y no podrá tal vez
	el público entusiasmo y ardimiento
	coronar mi altivez,
	dándome hoy mismo ese elevado asiento?
(Despechado.)	No quiero otro mortal
	ver, de rodillas yo, cual vi sentado
	en ese alto sitial,
	que ha de ser mío aunque le pese al hado.

(Corre hacia el trono resuelto y se detiene viendo venir a la Reina.)

¡Cielos!... ¿Quién viene allí?
La reina, hermosa como Sol luciente.
Nunca turbado vi
beldad más seductora y esplendente.

(Sale la Reina.)

Reina (Cariñosa.) ¿En esta cámara solo
aún estáis, noble Lisardo,
y, cual vuestra frente muestra,
pensativo y agitado?
¿Qué os altera y acongoja,
cuando habéis en lo más alto
la rueda de la fortuna
con firme planta fijado?
¿Qué inquietud turba los goces
que os deben dar esos lauros,
tan esclarecida gloria,
tan merecidos aplausos?
Si aun hay en el ancho mundo,
valiente guerrero, algo
que excite vuestros deseos,
al punto manifestadlo
sin temor a vuestra reina,
pues si pende de su mano,
al punto tendréis, lo juro,
cuanto apetezcáis, Lisardo.

Lisardo (Perplejo.) Señora..., el interés grande
que me muestra vuestro labio,
mi más fervoroso anhelo

	deja cumplido y colmado;
	que merecer de ese modo
	solícito sobresalto
	a vuestro pecho es, señora,
	una dicha, un bien tan alto,
(Con vehemencia.)	que por conseguirlo diera
	gloria, laureles, aplausos,
	mi sangre, toda mi vida...

Reina (Complacida.) ¿Estáis de veras hablando?

Lisardo Con el alma... Mas ¿qué os turba?

Reina (Agitada.) Temor, ¡oh noble Lisardo!...

Lisardo (Apasionado.) ¿De qué?

Reina (Tímida.) De que sorprendisteis
de mi pecho los arcanos.

Lisardo ¡Oh reina!

Reina ¡ilustre guerrero!

Lisardo (Turbado.) ¡Señora...! ¿Llegará a tanto
mi dicha...? ¿Tan venturosa
mi suerte...?

Reina (Apasionada.) ¡Quién contemplaros
puede con esa aureola
brillante como los astros,
que vuestra frente circunda,
sin que os rinda..., ¡cielo santo!
¿Por qué la pasión del pecho

	no sabe encubrirla el labio?,
	sin que os rinda... Pero basta;
	¡no puedo más..., no, Lisardo.
Lisardo (Arrebatado.)	Vuestras palabras, ¡oh reina!,
	Sol, diosa, prodigio, encanto,
	me hacen más que hombre; me lanzan
	a un cielo que el de los astros
	deja atrás... Desde el momento
	que os vi, los ardientes rayos
	de vuestros divinos ojos
	con tan poderoso encanto
	mi corazón y mi mente
	encendieron y alumbraron,
	que ya no vi en todo el orbe
	más que a vos, a vos, ansiando
	solo merecer dichoso
	vuestra atención y cuidado.
	Y la victoria, los triunfos,
	los laureles, los aplausos,
	ya nada para mí fueron,
	que eran nada al compararlos
	con la dicha de serviros,
	con la gloria de agradaros.
Reina	¡Cielos, qué escucho? ¿Merezco que
	seáis vos...?
Lisardo	(Arrojándose a sus plantas.)
	Sí..., vuestro esclavo
	soy, y en serlo venturoso.
Reina (Levantándolo.)	Alzad, mancebo gallardo,
	que no está bien a mis plantas

                    quien debe estar en mis brazos.
Juráis secreto profundo,
impenetrable, de cuanto
mi confianza deposite
en vos...?

Lisardo   ¿Y podéis dudarlo?

Reina (Recelosa.)   ¿Y con valeroso esfuerzo
y con decidido brazo me ayudaréis...?

Lisardo   Hablad pronto,
que en impaciencia me abraso,

Reina (Satisfecha.)   Sí. Lo esperé desde el punto
que os vi, glorioso Lisardo.
Y tan ciega confianza
con el amor en que ardo
me inspirasteis, que resuelta
he venido aquí a buscaros,
porque de vos necesito.

Lisardo (Resuelto.)   Soy vuestro humilde vasallo.

Reina (Con énfasis.) Sois más... Y seréis, lo juro,
mucho más.

Lisardo (Enajenado.)   ¡Oh Cielo santo!

Reina   (Agitada y con reserva.)
Oye. Bajo esta corona,
bajo este soberbio manto,
la mujer más infelice
soy del orbe. Y de ti aguardo

	el fin de mis desventuras,
	de mis zozobras descanso.
Lisardo	Hablad... ¿Qué tardáis, señora?
Reina	Ese trono es mío, Lisardo.
	Lo heredé de mis abuelos,
	y el rey que viste sentado
	en él, es rey solamente
	porque yo le di mi mano.
	Y se la di. ¡desdichada,
	en mis infantiles años
	por políticas razones,
	sin conocerlo ni amarlo.
	Mas paga favor tan grande
	detestándome inhumano,
	y a mis pueblos oprimiendo,
	cual si fuesen sus esclavos.
	E incapaz de defenderlos
	con valor y de ampararlos,
	sin tu denodado esfuerzo,
	sin el vigor de tu brazo,
	presa mi reino sería,
	y víctimas mis vasallos,
	de esas huestes furibundas
	que huyeron solo al amago
	de tu poderosa lanza
	y de tu aliento bizarro.
	El pueblo y yo, no te asombre,
	ansioso necesitamos
	quien nos liberte...
Lisardo (Animoso.)	Comprendo.

Reina	Con esfuerzo...
Lisardo	Estoy al cabo.
Reina	Y que ocupar pueda el trono... Y de mí pecho y mi mano...
Lisardo	(Con vehemencia.) Basta..., basta...; al punto sea.
Reina	¿Y tendrás valor...? Di.
Lisardo (Resuelto.)	Vamos.
Reina	El Ejército te adora, todo el pueblo entusiasmado te proclama. Y yo, tu reina, en amor por ti me abraso.
Lisardo	Eso basta a darme brío aun para escalar el alto firmamento... Al punto, al punto. ¿Dó el rey está? ¿Qué tardamos?
Reina	Aguarda, joven heroico; pues cuento ya con tu brazo, voy a preparar el golpe, a sosegar el palacio, a adormecer a las guardias, a alejar los cortesanos, y tornaré en busca tuya. Espérame aquí, Lisardo.

(Vase apresurada.)

Lisardo (Fuera de sí.) ¡Cielos!... ¿Conque ya del solio
me dais el camino franco?
En él sabré colocarme.
Y al ver al mundo postrado,
como escabel de mi planta,
sabré, ¡vive Dios!, hollarlo.

(Sale Zora.)

Zora (Cariñosa.) Esposo del alma mía,
mi amor, mi felicidad,
¡ay Dios, con cuánta ansiedad
te he seguido todo el día!

Lisardo (Sorprendido y aparte.)
¿Zora aquí?... ¡Oh fatalidad!

Zora (Con gran afán y ternura, arrojándose en brazos de Lisardo.)
Dame tus brazos, Lisardo.
Ven y descansa en mi pecho,
que gozoso y satisfecho
te encuentra, al fin, tan gallardo.

Lisardo (Aparte, abrazándola confuso)
Todo mi plan se ha deshecho.

Zora Entre turbas populares,
que tu nombre proclamaban,
y guerreros que ensalzaban
tus hazañas singulares
y ardientes vivas te daban;
y al fin en estas mansiones

                    de reyes y cortesanos,
                    que te dan a llenas manos
                    lauros, palmas y blasones,
                    y timbres y honores vanos,
                    afanosa te seguí,
                    sin saber cómo pudieras
                    horas ver tan lisonjeras,
                    sin que buscándome a mí
                    conmigo verlas quisieras.

Lisardo (Turbado.)   ¡Oh Zora!

Zora   Y como hoy lo allana
                    todo tu nombre, alcanzar
                    con él pude el penetrar
                    hasta aquí, do logro ufana
                    todo mi anhelo encontrar.
                    Sí, te hallé, querido esposo.

(Abrazándolo otra vez.)

                    Torna al seno palpitante
                    de tu Zora, que anhelante
                    sin ti no encuentra reposo.

(Notando la inquietud y desdén de Lisardo.)

                    Mas ¿qué anubla tu semblante?
                    ¿Qué miras en rededor...?
                    ¿Por qué desdeñas los lazos
                    de mis cariñosos brazos?...
                    ¿Olvidastes, ¡ay!, mi amor?...
                    Tengo el alma hecha pedazos.

Lisardo	(Muy agitado.) ¡Zora!... ¡Zora!
Zora	¿Qué, cruel?...
Lisardo (Perplejo.)	En esta estancia sería abrazarte demasía... ¿No miras allí un dosel?...
Zora	(Apasionadísima y abrazándolo.) Solo a ti ve el ansia mía.
Lisardo	(Separándose con inquietud.) ¡Zora!... No es éste el momento... La reina...
Zora (Asustada.)	¡Lisardo mío! Tú tiemblas...; de sudor frío bañado tu rostro siento... ¿Qué tienes?
Lisardo	(Despechado.) ¡Destino impío!

(Haciendo esfuerzos por disimular su agitación.)

                Zora..., ¿por qué abandonaste
                nuestro palacio, y así
                a la Corte, y hasta aquí
                a venir te aventuraste?

Zora	(Con vehemencia.) Vine buscándote a ti.
Lisardo	Está bien... Mas es forzoso

| | que regreses al instante.
                          Es en extremo importante
                          a mi vida, a mi reposo...

Zora (Abatida.)   Lisardo, ¿estás delirante?...
                          ¿A tu reposo, a tu vida
                          importante puede ser
                          alejar a esta mujer,
                          a ti para siempre unida?...

Lisardo   (Turbadísimo.)
                          No me puedes entender.
                          ¡Zora!...

Zora (Desconsolada.)   Sí, te entiendo, sí.
                          Has olvidado mi amor,
                          y solo estorbo..., ¡oh dolor!,
                          es ya Zora para ti.

Lisardo   (Conmovido y aparte.)
                          ¡Cielos!... ¡Ah!... ¡Qué hermosa es!

(Alto, yendo a abrazarla.)

                          No, que mi pecho te adora...
(Conteniéndose.)   Mas, ¡ay!..., retírate ahora.
                          Ya nos veremos después.
(Resuelto.)   Déjame aquí solo, Zora.

Zora (Desconsolada.)   Sí, Lisardo, ya me alejo;
                          pero tendrás entendido,
                          amante desconocido,
                          que para siempre te dejo.
                          Tengo el corazón partido.

(Queda a un lado llorando y abatida.)

Lisardo   (Aparte, enternecido y contemplándola.)
                   ¡Zora!... Tan pura..., tan bella...,
                   tan tierna y angelical...
                   ¡Cielos, qué angustia mortal!...

(Suena bajo el tablado la Voz del genio del mal.)

Voz del genio del mal Lisardo, elige entre ella y la corona real.

Lisardo   (Resuelto y aparte.)
                   Sacrificarla es preciso,
                   cueste lo que cueste, sí.
(Alto.)   Zora, al punto sal de aquí,
                   que es grande tu compromiso,
                   y en el que me has puesto a mí.
                   Si me amas, vete..., lo ordeno.

Zora (Confundida.) ¡Ay de mí, desventurada!
(Suplicante.)   Lisardo...

Lisardo   No escucho nada.

Zora   ¡Qué mortífero veneno
                   das a mi alma desgarrada!
                   Sé, Lisardo, venturoso.
                   Y si es precisa mi muerte
                   para venturoso verte,
                   ingrato y feroz esposo,
                   completa será tu suerte.

Lisardo (Enternecido.) ¡Zora!

(Desconcertado, viendo venir a la Reina.)

                Mas la reina aquí
                llega apresurada, sí.

(La ase del brazo y la arroja fuera de la escena.)

                ¡Cielos! ¿Y no te confunde
                la tierra, o te traga y hunde...?
                Huye, mísera.

Zora   (Cayendo detrás del bastidor.)
                ¡Ay de mí!

(Queda Lisardo agitado y descompuesto, procurando esconder el sitio por donde arrojó a Zora, y sale la Reina, La escena se oscurece.)

Reina   ¡Lisardo!

Lisardo   ¡Señora!

Reina   Todo
                nos es favorable.

Lisardo   Vamos.

Reina   ¿Mas que turbación te agita?

Lisardo   (Esforzándose.)
                El ansia de libertaros
                de un opresor.

Reina (Observándolo.)   Pero ¿tiemblas?

Lisardo	¿Yo...? No.
Reina	(Asiéndole del brazo.) 　　Sí, tiemblas. ¿Acaso el valor te falta?
Lisardo (Respuesto.)	Nunca. Pronto estoy a demostrarlo. Mi inquietud es solamente ansia de llevar a cabo tu venganza y la del pueblo.
Reina	Pues ni un momento perdamos. El rey dormido...
Lisardo	¡Dormido!
Reina	Dormido. Y es necesario que en la eternidad despierte.
Lisardo	(Retrocediendo, aparte.) Ahora tiemblo y me acobardo. ¿Ha de dar muerte a un dormido con traidor golpe mi brazo? Cuerpo a cuerpo mejor fuera.
Reina	¿Qué pronuncias...? ¡Insensato! Nunca empresa tal se fía al capricho del acaso: que en asegurar el golpe están la gloria y el lauro. Ese trono, esta corona, mi tierno amor y mi mano,

                        merecen...

Lisardo   Basta: ¡volemos!

(Se hunde el trono por el escotillón por donde salió, y se descubre, en el espacio que ocupaba, una ancha puerta, y dentro al Rey dormido en un magnífico lecho de púrpura, a la luz de una lámpara. Toda la escena estará oscura, menos la alcoba.)

Reina   (Dándole un puñal y señalándole al Rey.)
                     Allí está todo, Lisardo.

(Lisardo titubea, horrorizado. La Reina le empuja, y él se arroja decidido, enarbolando el puñal, y cae el telón.)

Acto III

Escena I

Salón del trono, y aparecen Lisardo, con manto real y corona, y la Reina. La gruta de Marcolán se verá siempre inmutable.

Lisardo   (Muy satisfecho.)
                       Ya soy rey.

Reina   Sí. Ya tus sienes
                       ciñe la real diadema,
                       y la púrpura suprema
                       como propio ornato tienes.

Lisardo (Ufano)   Sí; que desde este dosel,
                       hace un momento, he mirado
                       a todo un pueblo postrado
                       jurarme homenaje en él.

Reina   Y homenaje el más sincero,
                       pues te aclamó soberano
                       en cuanto te di mi mano;
                       como al más fuerte guerrero,
                       de defenderlo capaz
                       y de asegurar sus glorias,
                       con hazañas y victorias,
                       de todo invasor audaz.
                       ¿Has visto cuán fácilmente
                       a los hombres se fascina,
                       y a una nación se alucina
                       desde una altura eminente?
                       Del rey muerto, como ves,
                       ni un vago recuerdo hay ya;
                       tranquilo el imperio está

	y prosternado a tus pies. Nadie, nadie sospechó que el golpe que allí te ha puesto fue de tu mano, o muy presto si hubo sospecha pasó.
Lisardo (Confuso.)	¿De mi mano...? sí, lo fue.
Reina	Deja esos recuerdos vanos. Rendidos los cortesanos vendrán a besarla.
Lisardo (Asustado.)	¿Qué...? ¿Mi mano...?
Reina	Tu mano, sí.
Lisardo	(Mirándose horrorizado la mano.) Está de sangre manchada. ¿Lo ves?
Reina	(Turbada y reconociendo la mano de Lisardo.) No, no tiene nada.
Lisardo	Una mancha tiene aquí.
Reina	¿Deliras?...
Lisardo	(Como enajenado.) No; no deliro. Que me juren, está bien. Que la corona mi sien ciña. Y aun a más aspiro. Pero esconderé la mano,

	porque de sangre una gota la mancha... Si alguien la nota...
Reina (Animándolo.)	Todo tu recelo es vano. El misterio más profundo del rey muerto el fin esconde; ni cómo acabó ni en donde lo sabrá jamás el mundo.
Lisardo (Receloso.)	Pero tú y yo lo sabemos.
Reina	Y lo sabremos callar.
Lisardo	(Repentinamente repuesto.) Pues bien, vamos a reinar, y entrambos a dos callemos.

(Queda un momento contemplando el trono, y de repente sube a él.)

Reina (Aparte.)	Si su delirio abandono, perdida me considero.

(Le sigue con la vista, observándole de lejos con inquietud.)

Lisardo	Saborear a solas quiero todo el placer que da el trono.

(Se sienta. Hablando consigo mismo.)

Solo se sienta aquí un rey.
Aquí soy omnipotente,
aquí el mundo reverente
ve en mi capricho una ley.
¿Quién mi igual se llamará?

(Pónese en pie.) Nadie, nadie... Pues asombre
al orbe entero este hombre,
que en tanta eminencia está.
Raíces hondas juzgo aquí
haber echado mis pies,
pues ya el bajar de aquí es
duro esfuerzo para mí.
No está más firme la encina
secular en la montaña,
ni el escollo que la saña
del rugiente mar domina.
Mi poder es colosal.
Toda envidia se desarme.
¿Quién puede de aquí arrancarme?

(Suena bajo el tablado la Voz del genio del mal.)

Voz del genio del mal   De un asesino el puñal.

Lisardo   (Bajando precipitado del trono, con la mayor agitación.)
¡Cielos!... ¿Qué idea de horror
me confunde de repente?
¡Ay, que mi orgullosa frente
hirió un rayo aterrador!

Reina   (Asustada, acercándose a Lisardo.)
Lisardo, señor, esposo.
¿Qué accidente repentino
los profundos pensamientos
y los proyectos altivos,
que os ocupaban a solas
en bien del imperio mío,
trastorna de tal manera

                              y a vuestra faz roba el brillo?
                              ¿Qué os aqueja?... ¿Qué os asusta?
                              ¿Por qué de repente os miro
                              tan turbado?

Lisardo (Confuso.)   ¿Yo turbado?...
(Aparte y repuesto.)   Disimular es preciso,
                       que descubrir mis temores
                       mengua fuera de mi brío.
(Alto.)   Contemplaba, amada esposa,
                       el gran peso que el Destino
                       ha colocado en mis hombros
                       y las fuerzas que en mí mismo
                       reunir para sustentarlo
                       debo con tenaz ahínco.
                       Y hallo, sí, ¡viven los cielos!,
                       que aun es el aliento mío
                       tan superior a la carga
                       que sobre mis hombros miro,
                       que estoy dispuesto a que el orbe
                       me admire como a un prodigio.
                       Y estoy dispuesto...

(Queda distraído.)

Reina (Asustada.)   ¡Lisardo!
(Aparte.)   Me asustan sus desvaríos,
                       y que sus locos proyectos
                       le entibien en mi cariño.
                       Llamar su atención me importa;
                       encadenarle es preciso,
                       si han de tener cumplimiento
                       mis planes y mis designios.

(Alto y en extremo cariñosa.)

>Lisardo, mi amado esposo,
>vuelve en ti. Lisardo mío,
>¿seré tan desventurada
>que de la corona el brillo
>y los cuidados inmensos
>que el Cielo encargarte quiso
>te hagan entregar, ingrato,
>mi tierno amor al olvido?

Lisardo (Vuelve en sí y le echa los brazos.)
>¡Jamás!... A mi seno llega.
>Eres mi amor, mi delirio.

(La abraza y dice aparte:)

>No sé qué pasa en mi pecho:
>ni yo me entiendo a mí mismo.

(Se separa y continúa, aparte.)

>Esta mujer tan hermosa
>que dominó mis sentidos
>un momento..., ahora... la amo.
>Pero en el alma un vacío
>me deja... ¡Mi Zora, cielos!...
>¡Oh, qué soberano hechizo
>era para mí! Esta es reina,
>y de mí solo son dignos
>de una reina los amores.
>La amo, sí... No sé qué digo.
>En un mar de confusiones
>y de desdichas me abismo.

Reina	(Que ha estado contemplando a Lisardo
	con temor e inquietud.)
	Veo, Lisardo, que en tu mente
	mil pensamientos distintos
	se agolpan, y que te agitan
	fantásticos desvaríos.
	No es extraño: las diversas
	conmociones, que han herido
	tu corazón en la altura
	do tu estrella y mi cariño
	te han colocado, no pueden
	tener tu pecho tranquilo.
	Sal a caza. El aire libre
	respira, Lisardo mío.
	Corre esas verdes praderas;
	cruza esos parques sombríos
	que este palacio circundan,
	y tendrá tu mente alivio.

Lisardo	Sí, mientras llega la hora
	del regio festín, preciso
	es que busque yo en los campos
	descanso de mis delirios.

(Se acerca al bastidor.)
	¡Hola!

(Sale un Paje.)

Paje	¡Señor!

Lisardo	Mis caballos
	y monteros al proviso

	se apresten para la caza,
	que ir al campo determino.
	Y al gran senescal decidle
	que al punto venga a este sitio.
Reina (Cuidadosa.)	¿Con tanta prisa? ¿Qué quieres
	de Arbolán...? Dí.
Lisardo	Que conmigo
	venga a caza. Lo amo tanto,
	que es mi consuelo.
Reina (Aparte.)	Respiro.
(Sale Arbolán.)	
Arbolán	(Hincando una rodilla.)
	A vuestros altos preceptos,
	siempre obediente y sumiso,
	llego ansioso a vuestras plantas,
	solo anhelando serviros.
Lisardo	(Levantándole.)
	Alza, Arbolán valeroso,
	y llega a los brazos míos.
	Te llamo para que a caza
	vengas al campo conmigo.
Arbolán	(Dudoso y mirando a la Reina.)
	Señor...
Lisardo	Sí, tu compañía
	hoy, cual nunca necesito.
	Tú eres, de cuantos me cercan,

	el hombre que más estimo,
	por quien amistad más pura
	en mi corazón abrigo.
Arbolán	Tantas honras me confunden;
	pero me abren el camino
	de poder manifestaros
	que esa amistad que, benigno,
	me concedisteis, pagada
	está por el pecho mío.
Lisardo	Me gozo en reconocerlo.
	¡Es el tener un amigo
	don tan grato en esta vida
	de zozobras y peligros!
	Mas vamos juntos al campo.
Arbolán (Turbado.)	No puedo, señor, seguiros.
Reina	Imposible.
Arbolán	En el momento
	en que un cambio repentino
	de estos reinos en el trono
	admirado el mundo ha visto,
	para que tengáis descanso,
	que yo vigile es preciso.
Lisardo (Mortificado.)	Está bien. No me acompañes.
(Aparte.)	No sé cómo me reprimo,
	pues al verme contrariado...
	Mas reprimirme es preciso.
	¿Conque no lo puedo todo?
	¿Conque en el mundo hay motivos

>que, aunque fútiles y leves,
>obligan a que el rey mismo
>su voluntad sacrifique?...
>Se confunde el pecho mío.

(Hacen seña, y se van la Reina y Arbolán.)

Escena II

Al ir a salir Lisardo se cambia la escena en un bosque intrincado. Decoración corta. El queda vestido ricamente de cazador.

Lisardo (Arrimándose al bastidor, como hablando con sus cazadores.)
>Disponed de la caza el aparato
>por esos bosques y empinados cerros.
>Soltad los gerifaltes y los perros.
>Dejadme a solas descansar un rato.

(Viene a la mitad de la escena.)

>Mientras mis cazadores no reposan,
>persiguiendo las fieras y las aves,
>quiero dar rienda a pensamientos graves,
>que por doquier me siguen y me acosan.
>Monarca de un imperio poderoso,
>ya me respeta prosternado el mundo,
>y me anonado absorto, y me confundo
>al ver que en sitio tal no soy dichoso.
>No lo soy, no. Pensé que la corona
>de la felicidad todos los bienes
>en sí encerraba, y al ceñir mis sienes
>nuevos afanes sobre mí amontona.

(Se sienta muy agitado.)

　　　　　　　　　　　Un peso tengo aquí,

(Pone la mano sobre el corazón.)
　　　　　　　　　　　　　　　peso que abruma
　　　　　　　　　　　mi existencia infeliz. Peso de un crimen,
　　　　　　　　　　　y de que no me libran y redimen
　　　　　　　　　　　ni solio, ni poder, ni alteza suma.
　　　　　　　　　　　También, ¡ah!, me confunde el pensamiento
　　　　　　　　　　　de que de una mujer debo a la mano
　　　　　　　　　　　la corona, y el trono soberano,
　　　　　　　　　　　en que cercado de pavor me siento.
(Pausa.)　　　　　　　¿Por qué no nací rey...? Advenedizo
　　　　　　　　　　　tal vez con risa de desdén me llaman
　　　　　　　　　　　allá en su corazón los que me aclaman...
　　　　　　　　　　　¡Y su aplauso mi orgullo satisfizo!
　　　　　　　　　　　El mortal, ¡ay de mí!, más desdichado
　　　　　　　　　　　soy que cobija con su manto el cielo,
　　　　　　　　　　　corriendo de un anhelo en otro anhelo
　　　　　　　　　　　a una sima sin fondo despeñado.
(Pausa.)　　　　　　　¿Por qué no nací rey...? Mas si el Destino
　　　　　　　　　　　me negó el que naciera en regia cuna,
　　　　　　　　　　　armas me dio, y valor y alta fortuna,
　　　　　　　　　　　que del poder y el trono son camino.
(Exaltado.)　　　　　　Al derecho de sangre el de conquista
　　　　　　　　　　　sustituyan mi espada y la victoria;
　　　　　　　　　　　y un reino fundaré con alta gloria,
　　　　　　　　　　　que unido siempre con mi nombre exista.
　　　　　　　　　　　Sí, aprovechando brazos y riquezas,
　　　　　　　　　　　de que hoy disponer puede mi albedrío,
　　　　　　　　　　　ganaré un reino que se llame mío,
　　　　　　　　　　　y que deba su nombre a mis proezas.

(Suena una estrepitosa carcajada. Lisardo, sorprendido, se levanta y mira a todos lados.)

                ¡Cielos!... ¿Quién se esconde aquí,
                y de mi plan se burló?
                ¿Quién tan inmediato a mí
                osó colocarse...?

(Mientras Lisardo dice estos versos, entra por escotillón, en medio de la escena, una Bruja estrafalariamente vestida de negro y encarnado, con una vara en la mano, en que estará enroscada una culebra, y cuyo pomo será una calavera.)

Bruja   Yo.

Lisardo   (Repara en la Bruja, retrocede horrorizado
                      y luego torna, repuesto.)
                      Y quién, mísera mujer,
                      eres tú...? Dilo, infeliz.

Bruja (Con sarcasmo.) Una infelice que a ver
                      viene a un hombre muy feliz.

Lisardo (Airado.)   ¿Sabes, di, que tu rey soy...?
                      Cuenta con tus labios ten.

Bruja (Con desprecio.) ¿Y sabes que donde estoy
                      soy yo tu reina también?

Lisardo   (Despreciándola.)
                      Noto que eres loca tú.
                      Y si vienes a pedir
                      limosna...

Bruja (Atajándole.)   Por Belcebú

(Con acento solemne.) Soy por sobrehumana ley
en todo a ti superior,
pues te engañas si por rey
no reconoces mayor.
Y para que veas lo soy
en muchos grados a ti,
sabe que enterada estoy
de que tu mano...

Lisardo   (Trastornado.)
                            ¿Qué oí?

(Queriendo taparle la boca.)

Calla, mujer infernal.
Calla, calla. ¡Vive Dios!...

Bruja (Indiferente.)   Callaré, pues es igual,
lo que sabemos los dos.

(Con tono de superioridad.)

Y para la insensatez
con que juzgaste venir
a tus plantas mi altivez
por limosna, confundir;
cuando a darte mi favor
vine, orgulloso mortal,
y a alejar de ti el rigor
de tu destino fatal,
quiero que veas aquí
que tengo, cual tú, dosel
y corte, que como a ti

  me rinda homenaje en él.

(Da un golpe en el suelo con la vara, y entra detrás de ella, por escotillón, un trono, cuyo asiento será un caimán, y su respaldo un murciélago colosal con las alas extendidas y echando fuego por los ojos. Se sienta en él la Bruja, y de un lado y otro salen de debajo del tablado monstruos, diablos, esqueletos y sombras que la rodean. Lisardo retrocede, horrorizado, sin volver la espalda. La escena se oscurecerá.)

Lisardo   ¡Cielos! ¡Cielos! ¿Me engañan mis sentidos?
      ¡Oh, qué fascinación!
      Mis ojos..., mis oídos...,
      son presa de fantástica ilusión.

Bruja   (Con tono feroz y descompuesto.)
      Póstrate, mísero.
      Trémulo, pálido,
      llega a mis pies.
      Sol salutífero
      mi rostro escuálido
      para ti es.

Lisardo   (Repuesto y animoso.)
      Si tú del hondo aterrador infierno
      osas la frente alzar,
      sírvate de gobierno
      que nunca, nunca yo supe temblar.
      Que en la grandeza en que me puso el hado
      y mi ardiente ambición,
      miro el orbe postrado,
      y nada turbará mi corazón.

Bruja (Indignada.) ¿Y no ves sangre en tu mano,
      y un atroz

	crimen, que de noche y día
	es tu verdugo y tirano más feroz?
	¿Ignoras que la voz mía
	publicar
	puede, mísero gusano...?
Lisardo	(Postrándose, horrorizado.)
	Basta..., basta. ¡Estrella impía!
Bruja	Ya temblar,
	y ante mis plantas, te veo.
Lisardo	(Confundido.)
	Calla..., sí.
	O por piedad, dame muerte.
Bruja	Siempre debe estar el reo
	prosternado de esa suerte,
	temblando así.
	Tu grandeza, tu ambición,
	nada son.
	Niebla leve, humo fugaz,
	en que audaz
	quieres asiento
	formar de torres, que se lleva el viento.
	Oscuro es tu porvenir,
	y decir
	mucho de él pudiera yo.
	Pero no...
	No diré nada;
	corre ciego tu suerte desastrada.
(Pausa.)	Lástima, al cabo, me das.
	Toma este anillo
	pobre, sin brillo,

> y con él invisible serás.

(Tira un anillo a Lisardo.)

> Y de un apuro,
> terrible y duro,
> por su mágico influjo saldrás.
> Vuela a tu corte
> (puede te importe):
> ese anillo te lleva veloz.
> Y tus monteros
> y caballeros una
> sombra formada a mi voz
> igual a ti verán
> y detrás de ella a tu palacio irán.

(Desaparece rápidamente por escotillón la Bruja con su trono y todo su acompañamiento, y vuelve a iluminarse la escena.)

Lisardo (Se pone en pie, estupefacto, y mira en rededor
> de sí con ojos asombrados.)
> Todo desapareció.
> Fue un engaño de mi mente,
> una ilusión solamente
> que mi vista alucinó.
> A alzarse torne mi frente.

(Profundamente conmovido.)

> ¿Fue de mi crimen la sombra
> que me persigue tenaz?
> ¿Es ella sola capaz...?
> Sí, que me sigue y me asombra
> vigilante y pertinaz.

Pero no, no...; respiremos.
Vanos delirios, huid;
no más tras de mí venid;
no más en locos extremos
mi mente ofuscada hundid.
Todo, sí, delirio fue.

(Asombrado, viendo en el suelo el anillo de la Bruja.)

	Pero ¿qué miro en el suelo?
(Lo recoge.)	El anillo... ¡Santo Cielo!
	¿La sortija misma que
	tiró esa visión?... Me hielo.
(Asombrado.)	¿Conque ha sido realidad
	todo lo que absorto vi?...
	Lo ha sido, no hay duda, sí.
	Lo ha sido, pues es verdad
	la prenda que tengo aquí.
(Confuso.)	¿Es el hombre, ¡santo Cielo!,
	juguete de otro poder,
	que no alcanza a comprender?
	¡Qué horror da, qué desconsuelo
	pensar que así pueda ser!

(Pausa y queda en profunda meditación, de la que le saca un ligero rumor, volviendo el rostro adonde se oye.)

Mas dos de mis cazadores
vienen, sin duda, a buscarme.
Ahora podré cerciorarme,
sin disfrazar mis temores,
ni esconderme, ni ocultarme,
si es efectivo que puedo
invisible a todos ser,

                    solamente con poner
                    esta sortija en mi dedo,
                    cual dijo aquella mujer.

(Pónese el anillo. Entran dos cazadores, que registrarán toda a escena sin ver a Lisardo.)

Cazador I   Te digo que aquí no está.

Cazador II   Aquí quedó descansando
                    ha corto rato, mandando
                    retirarse a todos.

Cazador I   Va
                    ya hacia el soto galopando.

Cazador II   Te has equivocado. Yo
                    que aquí está te digo.

Cazador I   Pues
                    que aquí no está ya lo ves.

Cazador II   Es cierto que no está, no.
                    Cosa que me aturde es.

Cazador I   No dudes, no, que el rey era
                    el que iba al soto. Marchemos,
                    no sea que en falta quedemos.

Cazador II   Al través de esta ladera
                    pronto al puesto llegaremos.

(Vanse los cazadores.)

Lisardo (Maravillado.) ¡Cielos!... ¡Cielos!... Invisible me
hace este anillo... ¡Oh portento!
Confunde a mi entendimiento
encanto tan increíble.
Pero ¿qué duda mi aliento?...
(Animoso.) Si es verdad este prodigio,
¿qué retardo el penetrar,
por medio tan singular,
cuanto mi fama y prestigio
pueden del mundo alcanzar?
Sí. Pues hay tan superior
ente que me cuida y guía,
cesen mi afán y agonía,
tiemble el orbe mi valor
y bese la planta mía.

(Vase.)

Escena III
La escena representa la gran plaza en que fue el triunfo de la primera escena del acto segundo, y aparece llena de pueblo, que se reparte en diferentes grupos, como hablando entre sí, y sale Lisardo.

Lisardo (A un lado, con la sortija en el dedo.)
De la sortija el encanto,
pues invisible me oculta,
indagar me proporcione
entre esta mezclada turba
lo que de mí piensa el mundo,
lo que la fama me adula.
A aquel corro de villanos,
que allí se apiña y agrupa,
quiero acercarme, seguro
de que hablan de mí.

(Se acerca a un corro de villanos.)

       No hay duda.

Villano I   Al nuevo rey aún no he visto.

Villano II   No has perdido mucho. Nunca
         vi una cara de vinagre
         tan agria como la suya.

Villano III   ¿Y desde dónde ha venido
         hasta ser nuestro rey una
         persona desconocida?...

Lisardo (Aparte.)   ¡Oh, qué terrible pregunta!

Villano I   Qué sé yo... Diz que ha ganado
         con valor victorias muchas,
         y parece...

Villano III   ¿Acaso él solo
         las ganó, o fue con la ayuda
         de nuestros hijos y hermanos?
         ¡Maldita sea la fortuna!

Villano II   Siempre el que manda se lleva
         el premio de las angustias
         y valor de los soldados.

Villano I   Y a los pobres nos despluma.

Villano III   Dicen que éste a desplumarnos
         va, para nuevas trifulcas

	y guerras, que mucha sangre, y sin ventaja ninguna, nos costarán.
Villano I	El rey muerto al menos en paz profunda nos mantuvo.
Villano II	Lo que es éste ya verás cómo nos chupa, que es un demonio.
Villano I	¿De veras? Pues si tal hace...
Villano III	¿Lo dudas?...
Villano I	... pues si tal hace..., veremos cuánto el hacerlo le dura.
Lisardo	(Se separa confundido del corro de villanos.) ¡Cielos! ¿Tal disgusto reina entre la plebe?... ¿Es, en suma, éste el entusiasmo ardiente en que mi poder se funda? Mas allí varios soldados hablando entre sí se juntan. Ellos, ellos son mi apoyo; con ellos nada me asusta. Acercaréme a escucharlos.

(Se acerca a un corro de soldados.)

Villano I	Amigos, grandes y muchas

	son las mercedes y gracias con que el nuevo rey procura premiarnos.
Villano II	No lo agradezco, que es por conveniencia suya mostrarse tan generoso. Pues, al cabo, su fortuna solo en nosotros se apoya, y nosotros a la altura lo levantamos del trono.
Villano I	Muy dignamente lo ocupa.
Villano II	Otros también dignamente pudieran, sin duda alguna, y mejor que él, ocuparlo. Que aunque es su arrogancia mucha, o no falta quien en denuedo, y arrojo le sobrepuja.
Villano I	En las últimas batallas fue un portento de bravura.
Villano II	Y qué, ¿Arbolán nada hizo?
Lisardo (Aparte.)	¡Arbolán!... ¡Cielos!... ¡Disfruta fama tanta!
Villano II	Por mi vida que lanza como la suya no enristra nadie en el mundo.
Villano I	En eso, ¿quién pone duda?

Villano II	Y el orgulloso Lisardo..., al fin..., es...
Villano I	¿Qué...?
Villano II	¿Lo preguntas?... Lo diré...: un advenedizo.
Lisardo	(Aparte, furioso.) ¿Esto mi cólera escucha? Estoy de furor ahogado... Canalla soez, inmunda.

(Queriendo arrojarse a ellos.)

        Ahora mismo entre mis brazos...

(Sintiéndose detenido por una fuerza superior.)

	Mas ¿quién detiene mi furia?... Este misterioso anillo, que todo mi esfuerzo anula, pues siento, como ligadas mis manos por fuerza oculta. Allí varios caballeros
(Pausa.)	reunidos están. Sin duda hablarán como leales, y como cumple a su alcurnia.

(Se acerca a un corro de caballeros.)

Caballero I	Malos tiempos nos esperan. Ni honras ni haciendas seguras

	tendremos... Tiempos fatales, de trastornos y de angustias.
Caballero II	Yo no sé cómo la reina ha dado tan sin cordura su mano y el trono y cetro a Lisardo, que es, en suma, un aventurero.
Lisardo	(Aparte, desconcertado.) 　　　　¡Oh rabia! Los que así su envidia apuran son los mismos que postrados vi a mis plantas en la jura tenerse por venturosos con solo merecer una sonrisa mía... ¡Malvados!
Caballero I	(Recatándose.) Y pues nadie nos escucha, os diré...
Caballero II	¿Qué...?

(Se reúnen todos)

Caballero I	Que sospecho...
Lisardo	(Aparte, agitado.) Sus palabras me atribulan.
Caballero II	¿Qué sospechas?
Caballero I	Que la suerte

                    del rey difunto, que ocultan
                    ese misterioso velo
                    y esa oscuridad profunda,
                    fue acaso...

Caballero II   ¿Qué? ¿De la reina...?

Caballero I   Fue acaso, amigos, alguna
                    traición de ese monstruo inicuo
                    que el regio dosel usurpa,
                    que la majestad afrenta
                    y que a la nación abruma.

Lisardo   (Se retira confundido.)
                    ¡Basta..., basta!.., Yo me ahogo.
                    Fuego en mis venas circula.
                    ¿Ya se sospecha...? ¿Y se dice...?
                    Sí. Lo he escuchado... No hay duda.
                    Estoy un volcán hollando
                    pronto a reventar. La chusma
                    habla de mí sin respeto;
                    la soldadesca me insulta,
                    y me observa y me persigue
                    de la nobleza la astucia.

(Recobrando su energía.)

                    Mas no importa; empuño el cetro,
                    arde mi pecho de furia.
                    Si hay conjuración, en sangre
                    sabré ahogarla antes que cunda.
                    En el alcázar entremos
                    invisible, con la ayuda
                    de este misterioso anillo,

a ver si allí se conjura.

(Al ir a salir de la escena cambia la decoración.)

Escena IV
Galería interior de Palacio. Decoración corta, y salen la Reina y Arbolán, hablando entre sí con recato.

Lisardo   Hacia aquí la reina viene
hablando con Arbolán.
Tiemblo en la duda espantosa
de lo que voy a escuchar.
¡Ay, que de hacerse invisible
la anhelada facultad
es un tormento horroroso,
es un presente infernal!
Mas aprovecharme es fuerza
de ella, que puede importar
a mi vida y a mi nombre.
¡Oh, qué terrible ansiedad!

(Se acerca.)

Reina   Tus dudas y tus recelos,
¡oh generoso Arbolán!,
son infundadas e injustos,
si de mí seguro estás.
Sabes que por ti mi pecho
arde mucho tiempo ha,
desde los primeros años
de mi tierna mocedad,
y que sentarte en el trono
ha sido siempre mi afán.

Lisardo (Aparte.)	¡Oh infame!
Arbolán	Pero a Lisardo miro en él sentado ya, y por ti sola lo ocupa.
Lisardo (Aparte.)	¡Cielos!... ¡Qué afrenta!
Reina	Es verdad. Me fue preciso valerme de su ambición infernal como seguro instrumento con que el primer golpe dar. Después no me fue posible freno poner a su audaz arrojo, y le di mi mano y el trono para lograr adormecerle un momento y ver cumplido mi afán.
Lisardo	(Aparte, despechado y haciendo vanos esfuerzos.) ¡Oh furia de los infiernos! ¡Oh portento de maldad! Yo te ahogaré entre mis brazos, y ahora mismo... Pero..., ¡ah!, el encanto de este anillo no puedo sobrepujar.
Arbolán	Mas a Lisardo del trono, ¿cómo se puede arrancar? ¿No conoces su arrogancia?... ¿No su esfuerzo sin igual?... ¿No su altivez y osadía?... Error grave fue, en verdad,

	dar alas a ese coloso.
Lisardo (Aparte.)	¡Bien me conoce Arbolán!
Reina	Nada temas, que yo sola, yo, se las he de cortar.
Arbolán	Ved, señora, que su nombre, aunque minándolo están nuestros parciales amigos, aún goza prestigio tal entre el pueblo y los soldados, que en mucho tiempo quizá no lograremos en tierra con ese coloso dar.
Reina	Pues te aseguro que hoy mismo, hoy mismo en tierra dará.
Arbolán	¿Hoy mismo?
Reina	Sin duda... ¿Tiemblas? ¿Te falta aliento, Arbolán?
Arbolán	No tiemblo; pero quisiera con prudencia asegurar golpe de tanta importancia.
Reina	Hoy segurísimo está.
Arbolán	Advertir que justamente hoy guardia a palacio da, con soldados escogidos, un valiente capitán,

	que es el mayor partidario
de Lisardo y el que más
entusiasmo le profesa.
Lisardo (Aparte.)	Noticia que aprovechar
sabré yo. Nada me asusta,
si tengo seguridad
de que la guardia me siga.
¡Pérfidos! No os temo ya.
Arbolán	Desistid por hoy, señora,
de vuestro intento, y dejad
que el tiempo nos proporcione
de ese dragón infernal
triunfo completo y seguro.
Reina
(Con sigilo)	Calla, que insensato estás.
Oye.
Lisardo	(Aparte, acercándose más.)
Oigamos.
Reina	Al momento,
y ya no puede tardar
en que regrese Lisardo
de la caza, empezará
el regio festín, dispuesto
en la cámara real,
donde es segura su muerte.
Arbolán	¿Cómo...? No acierto... ¿Quizá...?
Reina (Con sigilo.)	Oye... Escúchame... La copa,
la copa en que ha de brindar

	a la gloria de mi reino,
	por mí envenenada está.
Lisardo	(Aparte, consternado.)
	¡Cielos! ¡Qué horror! ¿Es posible?
	¡Oh monstruo de iniquidad!
	Mas, ¡ay!, usan de un veneno,
	como yo usé de un puñal.
Arbolán	El medio es seguro.
Reina	Nadie
	puede este golpe evitar.
Lisardo	(Aparte y furioso.)
	Voy a arrojar este anillo
	y a sorprender su maldad.
(Conteniéndose.)	Mas no, nada lograría,
	que soy también criminal,
	y solo un rostro sin mancha
	logra al crimen aterrar.
Arbolán	¿Conque hoy mismo...?
Reina	Sí, y su muerte
	de estos Estados la paz,
	y el amor que te consagro,
	para siempre afirmará.
(Se oye rumor.)	Pero él llega; a recibirle
	vamos con risueña faz.
(Vanse.)	
Lisardo	(Paseándose muy agitado.)

¿En dónde estoy? Estalla mi cabeza;
va a reventar mi destrozado pecho.
Me engañaron, sin duda, mis oídos.
Una ilusión fue todo del infierno.
Mi esposa..., aquella reina esclarecida,
que como un Sol en la mitad del cielo
vieron mis ojos en el trono augusto,
y que con suave y seductor acento,
de lágrimas regado el rostro hermoso,
sus penas me contó, y amor tan ciego
en mí supo encender, ¿es..., ¡ay!, la misma
a quien acabo de escuchar? Yo tiemblo.
Mas... ¡mísero de mí, que en hondo olvido
el crimen do me hundió su encanto dejo!
Y ¿por qué he de ser yo más venturoso
que su primer marido? Me estremezco.

(Pausa.) ¿Y Arbolán? ¡Arbolán! El hombre solo
por quien dulce amistad sintió mi pecho,
en quien deposité mi confianza,
el que colmé de elogios y de premios,
de honores, de riquezas... Aquel mismo
que ha corto rato, ante mis plantas puesto
en actitud humilde, reverente,
gratitud me juraba... ¡Dios eterno!
¿Así se finge?... ¿Así se disimula?
¿Se miente así? ¿Qué es un humilde acento?
¿Qué es un afable rostro, si la muestra
no son de lo que pasa allá en el pecho?
¡Qué horror, qué horror! ¡Oh detestable mundo!
Yo te maldigo, sí; yo te detesto.

(Pausa.) Mas ¿qué pronuncio sin temblar? ¡Ay triste!
¿Lo que yo mismo soy olvidar puedo?

(Fuera de sí.) Un asesino soy..., ¡un asesino!
¿Es de los hombres el Destino horrendo

(Pausa. Resuelto.) el de ser criminales?... ¡Infelices!...
¡Mísera condición en que nacemos!
Pues a ser criminal. Si en la carrera
tan adelante estoy, el Universo
admire en mí un coloso. Poderío
para aterrar a mis contrarios tengo.
Y si es lucha de crímenes la vida,
vivamos, sí; vivamos y luchemos.
(Paseándose.) Caiga mi furia como ardiente rayo
sobre estos miserables, y deshechos
en ceniza a mis pies, sirvan al punto
a los conspiradores de escarmiento.
Sí. Decidido estoy. Guardo el anillo.

(Se lo quita y lo guarda en la escarcela.)

    Que tal cual soy manifestarme quiero,
pues que ya todos piensan que a palacio
del campo regresé con mis monteros.
Aquí un paje se acerca; la noticia
de que es la guardia fiel aprovechemos.
¡Hola!

(Sale el Paje.)

Paje   Señor...

Lisardo   El capitán que manda
la guardia de palacio en el momento
venga a mis pies.

Paje   Seréis obedecido.

(Vase.)

Lisardo	Temblarán, yo lo juro, los perversos.
	La sangre se helará de los traidores.
	De una inicua mujer a los derechos
	no deberé el reinar, sino tan solo
	a mi fortuna y a mi heroico esfuerzo.
	Sí. El alto trono que fundar quería
	aquí lo he de fundar. Y estoy dispuesto
	a fundarlo tan firme, que con sangre
	sabré amasar sus sólidos cimientos.

(Entra el Capitán de la guardia, que hinca una rodilla, y Lisardo lo levanta.)

	Alza y ven a mis brazos, que te esperan,
	de valor y lealtad noble modelo.
	Sé quién eres; te he visto en las batallas
	dando señales de tu heroico esfuerzo,
	y yo no olvido nunca a los soldados
	que en el campo lidiar con gloria veo.
Capitán	A vuestro lado, ¡oh rey el más cumplido
	que en el mundo jamás empuñó el cetro!,
	¿quién pudiera en los campos de batalla
	no seguir fiel vuestro glorioso ejemplo?
	La llama del valor que en vos esplende
	se comunica a los vasallos vuestros,
	y no hay quien tras de vos no corra ansioso
	a buscar gloria en los mayores riesgos.
	¿Qué me mandáis, señor?
Lisardo	Saber quería
	si a todo trance os encontráis dispuesto
	a obedecer mi voz.

Capitán	¿Podéis dudarlo, si os juré por mi rey?... Poned, os ruego, a prueba mi lealtad y mi obediencia, y quedaréis de entrambas satisfecho.
Lisardo	Acaso hoy mismo las pondré, y no dudo que mi apoyo serán, noble guerrero. ¿Sabes, di, que hay traidores?
Capitán	No lo ignoro; mas yo sus tramas pérfidas no temo.
Lisardo	Son muchos.
Capitán	Pero más son los leales.
Lisardo	De temible poder, de nombre excelso.
Capitán	Su nombre nada importa; al declararse traidores lo mancharon y perdieron. Y corto es el poder de los que apelan a oscuras tramas y a cobardes medios.
Lisardo	Aterrarlos es fuerza ante su vista presentando al instante un escarmiento.
Capitán	Caiga el Sol mismo desde su alto trono, si osa el Sol enojaros y ofenderos.
Lisardo	Basta, que en tu lealtad y bizarría el más firme sostén gozoso encuentro. ¿Y los soldados de la guardia?
Capitán	Todos

	están por vos a perecer dispuestos.
Lisardo	Que el salón del festín contigo ocupen; tú te colocarás tras de mi asiento, y a la menor señal prendes y matas a los que yo indicare.
Capitán	Entiendo, entiendo.
Lisardo	Ahora pide mercedes.
Capitán	Nada pido por cumplir fiel la obligación que tengo.
Lisardo	Pues de mi cuenta corre en este día a tus servicios dar cumplido premio. De cuanto hemos hablado en este sitio guarda, que es importante, hondo secreto.

(El Capitán hace una reverencia y se va.)

¿Si serán verdaderas sus ofertas,
y esa noble lealtad, y ese denuedo?
¿Si será algún traidor que finge y miente
de honradez y valor con el aspecto?
¡Ah! Los hombres que mandan a los hombres
debieran penetrar los pensamientos.
Juzgo que este soldado habló de veras,
de buena fe... ¿Quién sabe?... Bien, probemos
dónde alcanza el favor de la fortuna
y mi tenacidad... Ni ya otro medio
se me ofrece... Sí... Un golpe decisivo.
El peligro se acerca; urge el momento.
¡Ay, que esto no es vivir! ¡Oh, cuán horrible

(Pausa.) es aquesta ansiedad en que me veo!
Mas ya resuena en el salón cercano,
donde el regio festín está dispuesto,
el rumor de la turba cortesana.
Vamos, pues, al festín, y procuremos
que oculte cuidadoso mi semblante
la espantosa tormenta de mi pecho.

(Vase.)

Escena V

Aparece un salón fantástico, magnífico, perfectamente iluminado, rodeado de aparadores, donde lucirán riquísimas vajillas, y en medio una gran mesa cubierta de oro, plata, cristal y flores, con seis cubiertos: dos a la testera, delante de regios sillones; dos a la derecha y otros dos a la izquierda, con taburetes sin respaldo. Salen pajes, ricamente vestidos, con platos, copas y viandas. Y cortesanos de gala, que se van colocando a un lado y otro de la escena. Enseguida sale Lisardo por un lado con manto y corona, seguido del Capitán de la guardia, que se coloca al frente en el fondo. Y por otro lado sale la Reina, también con manto y corona, seguida de damas lujosamente ataviadas. Al entrar los reyes en el salón, todos, menos los guardias y damas, hincan una rodilla, y gritan:

Todos   ¡Viva el rey!

Lisardo (Aparte.)   ¡Ah! Ya conozco
lo que son vuestros aplausos.
Miedo son... Mas si son miedo,
me suenan bien.
(Alto.)   Levantaos.

Todos   (Levantándose.)
¡Viva el rey!

Lisardo   (Con afectación.)
Esos acentos

(Aparte.)	de lealtad y de entusiasmo son el colmo de mis dichas, nobles y fieles vasallos. ¿Cuántos habrá que, traidores, estén mi exterminio ansiando?

(Alto, a la Reina, con énfasis.)

	Llegad, señora. ¡Cuán bella! Sois el Sol en que me abraso.
Reina	En serlo siempre a tus ojos se cifrarán mis conatos.
Lisardo (Aparte.)	¡Oh aleve!... Una hiena miro al través del regio manto.

(Alto, y después de examinar el concurso.)

	¿Y el senescal?... No lo veo.
Reina (Solícita.)	La importancia de los cargos que desempeña retarda su venida...
Lisardo (Aparte.)	Sobresalto me da su tardanza... ¡Cielos! Mas fuerza es disimularlo.
(Alto.)	No importa, que siempre a tiempo a mi mesa y a mis brazos llega guerrero tan noble y personaje tan alto.

(Se sientan Lisardo y la Reina, y detrás de sus sillones se colocan el Capitán de la guardia y una Dama, y ocupan los otros cuatro asientos de la mesa cuatro personajes ancianos de los que están entre los Cortesanos. Los Pajes y las Damas sirven la mesa, y toca una dulce orquesta tan suave, que deje oír lo que se representa.)

Reina (Inquieta y aparte.)
Ni un leve rumor escucho
que me anuncie lo que aguardo,
y temo llegue el instante
si Arbolán no está a mi lado.

Lisardo (Aparte.) Apresurar quiero el golpe,
aunque siento mucho darlo
sin que Arbolán el primero
de su traición lleve el pago.
Pues está echada la suerte,
de tanta angustia salgamos.
(Alto.) ¡De beber!

(Llega un Paje con una salvilla de oro, y en ella, una rica copa.)

Reina (Tomando la salvilla de las manos del Paje.)
Venga esa copa,
que yo quiero de mi mano
servirla a mi rey y esposo.

Lisardo (Con calma.) De vos la estaba esperando.
Y para fineza tanta
con toda el alma pagaros
quiero que bebáis primero,
y que antes que yo brindando,
el licor de aquesa copa
torne en néctar vuestro labio.

Reina (Turbada.) ¿Yo..., señor...?

Lisardo	(Poniéndose en pie y con entereza.) Y ¿qué os asusta? Bebed, pues, que yo lo mando.

(Agitación general. La Reina titubea, y se oye un lejano rumor.)

Reina (Aparte.)	¡Cielos!... Respiro.
Lisardo	(Sobresaltado.) ¿Qué suena?
Capitán	Son del pueblo los aplausos.
Lisardo (Airado.)	¿Qué tardáis?... Bebed, señora.
Reina	(Horrorizada, tirando la copa.) No... Jamás, jamás, Lisardo.
Lisardo (Furioso.)	Guardias, prended a la reina. Ese vino emponzoñado está. Prendedla...
Reina	(Saliendo al centro de la escena.) Y ¿quién puede atentar...?
Capitán	(Corriendo hacia ella.) Yo y mis soldados.

(Movimiento general de terror y de indignación. Unos muestran asombro, otros meten mano a las espadas.)

Reina	¡Traidores!... Yo soy la reina. Ved qué hacéis.

(Sale Arbolán con la espada en la mano, seguido de un tropel de pueblo y de soldados.)

Voces	¡Muera Lisardo!

Lisardo   (En medio de la confusión.)
               ¡Guardias!... ¡Traidores!... Seguidme.

Arbolán   (Al Capitón y Soldados.)
               ¿A un regicida, a un tirano
               defendéis?... Mirad en sangre
               del rey teñidas sus manos.
               El lo asesinó, os lo juro.
               Valientes, abandonadlo.

Capitán   (Asombrado.)
               ¿De veras? ¡Qué horror! No demos
               a tal monstruo nuestro amparo.

(Abandona la guardia a Lisardo.)

Lisardo   ¡Ah cobardes!...

Voces   ¡Muera, muera!

Arbolán   (Conteniendo a la turba.)
               Muera, pero en un cadalso.

Lisardo (Despechado.)¡Oh furor!... ¡Qué adversa suerte!
               Con el anillo me salvo.

(Se pone rápidamente la sortija de la bruja, y se hunde por escotillón. Cae el telón.)

Acto IV

Escena I
La escena representa el mismo rústico jardín de la segunda escena del primer acto, pero sin el lecho de Lisardo ni el asiento. La gruta de Marcolán, y él dentro de ella, está siempre inmutable. Sale Lisardo por escotillón, con traje humilde y sin la sortija.

Lisardo (Asombrado.) ¿Adónde, adónde, ¡cielos!, me ha traído
el anillo encantado?
¿Cómo hasta aquí tan rápido he venido?
¿Qué lóbrega región he atravesado?
Pasmado estoy.

(Notando que le falta la sortija.)

Mas, ¡ay!, la misteriosa
sortija, ¿qué se ha hecho?...
¿Cómo he perdido prenda tan preciosa?
Entre mis manos mismas se ha deshecho.

(Reconociéndose la mano.)

Sí... Desapareció. Y en lugar de ella,
en torno de mi dedo
de sangre helada me quedó una huella.
De asombro respirar apenas puedo.

(Reconociendo el sitio en que está.)

Mas ¿dónde estoy? No hay duda: la floresta
donde tan venturoso
me vi en los brazos de mi Zora es ésta,
donde empecé a vivir y a ser dichoso.

(Complacido.)   Aquí descansaré. Y aquí del mundo
de crímenes, tornando
al de placer y amor, él furibundo
rigor de mi destino iré amansando.

(Pausa, y recorre la escena como para cerciorarse de que es el mismo sitio que dice.)

Mas, ¡ay!..., no tan risueña me parece
como la vez primera
esta mansión.
Ni, plácida, me ofrece
aquel encanto que a mi pecho diera.
¿Acaso nunca el hombre la ventura
recupera perdida,
y vano es su afanar cuando procura
felice ser dos veces en la vida?...
No. Sin duda esta selva me parece
lóbrega, porque en ella,
como resplandeció, no resplandece
la pura luz de mi divina estrella.
Yo buscaré perdido y anhelante
a mi adorada Zora,
y tornarán su aliento y su semblante
a hacerme esta mansión encantadora.

(Va a salir resuelto, y vuelve afligido y turbado.)

Pero ¡triste de mí! ¡Zora! Yo, ingrato,
la rechacé orgulloso,
con duro acento, con altivo trato,
desoyendo su ruego doloroso.
Y ¿cuándo? Cuando hermosa y apacible,
ángel de paz, venía

de un crimen espantoso, atroz, horrible,
a libertar, ¡ay Dios!, el alma mía.

(Profundamente conmovido.)

¡Zora! ¡Zora! Vengada estás; mi pecho
es raudal de amargura,
y por las garras del dolor deshecho
implora tu perdón y tu ternura.
¿Y obtendré tu perdón? Dulce esperanza
de obtenerlo me alienta,
pues no cabe el rencor ni la venganza
en el tierno candor que en ti se ostenta.
¡Ah!... Perdóname, sí; dame consuelo.
Que tú sola en el mundo
puedes sacarme, por favor del Cielo,
de este agitado piélago profundo.

(Sale y cruza lentamente la escena un rústico y humilde entierro, compuesto de cuatro Doncellas vestidas de blanco con guirnaldas de ciprés. Cuatro Villanos con sayos negros, que en unas angarillas llevan a Zora muerta y vestida cual se presentó en la segunda escena del primer acto, y detrás, dos hombres enlutados y un viejo Enterrador, también de luto, y con un azadón al hombro.)

Lisardo (Sorprendido.) ¡Oh cielos!... ¿Qué viene allí?...
Un rústico funeral.
Me hiela un sudor mortal.
No sé lo que pasa en mí.
Preguntaré.

(Se acerca al Enterrador.)

Buen anciano,
¿quién es esa desdichada?

Enterrador	Es Zora, que abandonada por un marido inhumano, y ardiendo siempre en amor, tras de penosa agonía, murió al despuntar el día, víctima de su dolor.
Lisardo (Convulso.)	¿Zora...?
Enterrador	Sí, Zora.
Lisardo	(Fuera de sí, deteniendo el entierro.) ¡Ah!... Dejad que sobre el cadáver yerto este infeliz quede muerto, y una tumba a entrambos dad.
Enterrador	Retroceded, imprudente. Alejaos. ¿Qué pretendéis? No el reposo profanéis de una mísera inocente.
Lisardo (Furioso.)	Este cadáver es mío, miserables.
Enterrador	Insensato. ¿Qué frenético arrebato, qué furioso desvarío te obliga...?
Lisardo	(Acometiendo al féretro.) Sí, Zora es mía. Dádmela, que es mía, sí, o todos seréis aquí

                        despojo de mi osadía.

(Los dos enlutados que defendían el féretro se asustan y retroceden.)

Enterrador   (Asustado.)
                        De su furia me acobardo.

Lisardo   (Furioso en todo extremo.)
                        Dadme, dadme luego a Zora,
                        o la rabia abrasadora
                        temed del feroz Lisardo.

(Al oír este nombre, los cuatro que llevan las angarillas las dejan en el suelo, sobrecogidos de terror, y ellos y las Doncellas se ponen en fuga.)

Enterrador   (Sobrecogido de espanto.)
                        Lisardo es el que miramos.
                        Sí, Lisardo el asesino.
                        ¿Por dónde a esta tierra vino?
                        ¡Qué horror!... ¡Oh cielos! Huyamos.

(Vase con los dos enlutados. Corre Lisardo frenético. Levanta el velo negro que cubre el cadáver de Zora, lo saca del féretro y lo lleva en brazos a un lado del proscenio, haciendo extremos de demente.)

Lisardo (Agitadísimo.) Zora del alma mía,
                        Zora, mi bien, despierta...
                        Zora..., mi Zora... ¡Ah! ¡Muerta!
                        ¡Helada!... Apenas puedo respirar.
                        Y yo, yo, ¡estrella impía!,
                        yo té he dado la muerte.
                        ¿Y en mis brazos tenerte
                        oso y tu faz marchita contemplar?

(Reconociéndola y tocándola como dudando de su muerte.)

       ¿Engañoso desmayo
       acaso no pudiera,
       cual nube pasajera...?
(Cerciorado.)   No. Es un cadáver. ¡Mísero de mí!

(Alejándose del cadáver.)

       ¡Cielos!, lanzad un rayo
       que mi frente confunda,
       que me anonade y hunda,
       y que a su lado me sepulte aquí.

(Acercándose e inclinándose sobre el cadáver.)

       Si pudiera mi aliento,
       si mi sangre, mi vida,
       si la llama encendida
       en mi pecho, do el crimen se asentó,
       pasarse en un momento
       a esta ceniza fría...,
       ¡oh, cuánto ganaría
       el mundo y cuánto ganaría yo!...
(De rodillas.)   Con el mundo piadoso
       sed, ¡oh Dios!, revivida
       a costa de mi vida,
       volvedle esta mujer angelical,
       este astro luminoso.
       Y de mi libertadle,
       el espanto quitadle
       de este monstruo sangriento y criminal.

(Delirante, abrazando el cadáver de Zora.)

	Mi ángel, despierta;
	álzate, mira,
	vive, respira,
	oye mi voz.
(Despechado.)	¡Ay!... ¡Está muerta!
	Y yo la muerte,
	¡horrenda suerte!,
	le di feroz.
	Yo me ahogo, mísero;
	no puedo más.
	Mujer angélica,
	vengada estás.
	Ardiente tósigo
	me abrasa, sí.
	¡Oh tierra, trágame,
	trágame aquí!

(Queda inclinado sobre el cadáver, abrumado de dolor.)

Liseo (Dentro.)   Lisardo..., Lisardo.

Lisardo (Aterrado.)   ¿Quién...?
                        La voz de la Eternidad
                        me ha llamado... ¡Oh Dios. piedad!
                        Piedad de un mísero ten.

(Sale Liseo, y al verlo queda Lisardo confundido.)

Liseo   (En tono amenazador.)
                        Lisardo, si no contento
                        con haber dado la muerte
                        a esta infelice, faltando
                        al juramento solemne

                    que aquí, en mis manos, hiciste,
                    cebarte furioso quieres
                    en su mísero cadáver,
                    y en tu crimen complacerte,
                    la justicia de los cielos
                    y la de los hombres teme.
                    La justicia que reclama
                    el desconsuelo, que adviertes
                    con horror en mis mejillas
                    y en las sombras de mi frente.
                    Que el desconsuelo de un padre
                    como yo, afligido, siempre
                    en el tribunal eterno
                    piadosa acogida tiene.

Lisardo   (Turbado, acercándose a Liseo)
                    ¡Señor...! ¿Sois vos?

Liseo (Severo.)   Sí, Lisardo.
                    Soy Liseo. Tiembla al verme.
                    Soy el que te dio su hija
                    para que feliz la hicieses.
                    Mira cuál la devolviste
                    a su paternal albergue.

Lisardo (Confuso.)   Señor..., sois el primer hombre
                    que... turbado..., reverente...,
                    temblando escucho.

Liseo   Lisardo,
                    no soy yo quien tanto puede.
                    Es el espectro espantoso
                    que delante miras siempre,
                    y son los remordimientos

	de los crímenes que hierven
	en tu corazón.
Lisardo	(Desconsolado y suplicante.)
	¡Oh padre!
Liseo	(Retrocediendo.)
	Quita, monstruo... ¿Qué pretendes?
Lisardo	Yo... Mi Zora...
Liseo	¿Zora tuya...?
	Zora es solo de la muerte:
	Zora de la tierra es solo,
	y yo solo soy quien debe
	darle el último descanso.
	Aléjate. Aquí no eres
	más que una espantosa hiena,
	un buitre voraz, que viene
	a destrozar un cadáver.
	Déjalo en paz. Huye, vete.

(Va cerca del cadáver y se pone en actitud de defenderlo.)

Lisardo (Conmovido.) No..., no. Mi esposa fue Zora,
                                    y si no logro la muerte,
                                    que es lo que anhelo, a su lado,
                                    para que a ambos nos encierre
                                    un mismo sepulcro, quiero
                                    dárselo como merece.

(Recobrando su altanería.)

                                    Mi magnífico palacio,

             que domina estos vergeles,
             recíbala en sus salones,
             y en ellos mi esposa encuentre
             el soberbio mausoleo
             que a sus cenizas conviene.
             Todas mis riquezas, todas,
             en su sepulcro se ostente;
             y de que fue esposa mía
             en el mundo se conserve
             el recuerdo en oro y mármol
             consignado para siempre.

Liseo   ¡Insensato!... ¿Tus riquezas...?
             ¿Tu palacio...? Estás demente.
             ¿Ignoras que de bandidos
             una codiciosa hueste
             ha robado tus tesoros,
             y que ha incendiado, inclemente,
             tu magnífico palacio?
             Corre a verlo. Nada tienes.
             Tus riquezas y tu alcázar
             son vil ceniza, humo leve.

(Lisardo, sobrecogido, vuelve el rostro al fondo de la escena, y, abriéndose y apartándose de repente los árboles, dejan ver a lo lejos el palacio ardiendo, y queda todo iluminado con el rojo resplandor del incendio.)

Lisardo   (Corriendo hacia el fondo.)
             ¿Qué es lo que miro?... ¡Infelice!
             Ah!... Mis fuerzas desfallecen.

(Cae al suelo privado de sentido. Liseo hace una seña, y salen los cuatro Villanos con sayos negros colocan apresuradamente el cadáver de Zora en las angarillas y con ellas se van todos, dejando solo y tendido en tierra a Lisardo.

Se vuelven a unir los árboles del fondo, ocultando el incendio, y queda la escena en la mayor oscuridad.)

Lisardo (Volviendo en sí.)
¡Infeliz, infeliz! ¡Ay! Y ¿aún respiro?
¿Para qué torno a la angustiosa vida?
¿En dónde un rayo de consuelo miro?
¡Ah! Toda mi esperanza está perdida.
(Se levanta del suelo.) Sí, toda mi esperanza
se la ha llevado el viento.

(Recobrando gradualmente su energía.)

Y ¿quedará Lisardo sin venganza,
tendido en este potro de tormento?
Yo, yo, dominador de la ancha Tierra;
yo, rayo de la guerra,
¿he de morir en este valle oscuro
como el más vil mortal, como un gusano
y reirá el orbe ufano,
de mi furor juzgándose seguro?
(Despechado.) Desplómate rasgado en roncos truenos,
¡cielo!, sobre mi frente,
o trágame inclemente,
tierra de horror, en tus oscuros senos.
¿Yo desde el regio trono
en la miseria hundido,
y por traidores pérfidos vendido,
y de una vil mujer por el encono?
y cuando en mis riquezas
nuevo apoyo busqué, para que el mundo
admirando de nuevo mis proezas,
otra vez lleno de terror profundo,
se humillara a mis plantas,

	tras desventuras tantas,
(Pausa.)	¿hallo ceniza y humo,
	y en furor impotente me consumo?
	Mas nada, nada importa
	cuanto perdí, que aún quedo yo. Y aún siento
	el colosal aliento
	que mi indomable corazón aborta.
	Si el Cielo me ayudara... Mas ¿qué dice
	mi necio labio?... El Cielo me maldice.
	Pues bien, mi ayuda sea
	el infernal poder. Oiga mi ruego,
	déme su auxilio, y luego,
	asombrado, verá cuán bien lo emplea.

(Se oye un espantoso trueno subterráneo, y entra por escotillón el Demonio vestido de bandolero, pero con algunas señales que manifiestan quién es. En el momento de aparecer se verá un gran relámpago que alumbre toda la escena, volviendo luego a quedar en tinieblas.)

Demonio	(Con voz áspera.)
	¿Qué del infierno quieres?
	Él a satisfacer tu afán me envía.

Lisardo (Asombrado.)	¡Oh, qué espanto!... ¿Quién eres?

Demonio	No la presencia mía
	te turbe, pues poder para ayudarte,
	Lisardo altivo, tengo; y para darte
	los medios con que alcanza
	un hombre de tu temple la venganza.

Lisardo	(Reanimado y con ansiedad.)
	Dame armas y pendones,
	guerreros escuadrones,

que mis contrarios, aterrados, vean,
y que del orbe el exterminio sean.

(El Demonio da una patada en el suelo, y de los troncos de los árboles, de los riscos y de debajo de tierra salen bandoleros de aspecto feroz y torvo, vestidos de pieles de fieras, con cascos de hierro y con cimitarras, lanzas, arcos y flechas. Lisardo los mira con asombro y admiración.)

Demonio   Helos aquí presentes,
                 y, aunque los juzgues pocos, tan valientes,
                 que excederán en mucho tus deseos
                 poblando el ancho mundo de trofeos.

Lisardo   ¡Oh, qué extraño portento!
                 Nacen escuadras a mi solo aliento.

(Se reconoce, y ve que no tiene espada.)

                 Pero ¿yo desarmado?

Demonio   (Dándole una espada.)
                 Este estoque te traje preparado,
                 guadaña de la muerte,
                 y prenda digna de tu brazo fuerte.
                 Con él a la cabeza
                 ponte de estos valientes bandoleros,
                 que bandoleros son, más no te asombre,
                 pues no serás, Lisardo, el primer hombre
                 de arrojo y fortaleza
                 que al frente de bandidos ha logrado
                 un imperio rendir, un elevado
                 trono fundar y ver postrado al mundo
                 besar su planta con terror profundo.

Lisardo (Entusiasmado.)
Sí; cuando empuño una tajante espada
y de valientes circundar me veo,
ser ya señor del Universo creo,
y contemplo la Tierra encadenada.

Demonio Emprende tus campañas.
Que al renombre inmortal de tus hazañas,
obedientes muy pronto a tus pendones,
traerá nuevos y fuertes escuadrones
y poderosas lanzas
que satisfechas dejen tus venganzas.
Y porque no tan solo con despojos
de fresca sangre rojos
premies a los soldados
que sigan tus banderas esforzados,
quiero mostrarte ahora
las riquezas ocultas que atesora
este bosque sombrío:
por aquí de oro puro pasa un río.
Míralo por las señas
que te den estos troncos y estas breñas.

(Toca varios troncos y piedras, y se convierten en oro resplandeciente.)

Todo es tuyo, Lisardo.

Lisardo (Reconociendo, admirado aquella riqueza.)
¡Portento sin igual! Y ya, ¿qué aguardo?

(Dirigiéndose a los bandoleros, que estarán apiñados a un lado.)

¡Oh valientes, volemos,
y al mundo leyes y cadenas demos!

>
> Campiñas y ciudades
> se conviertan en yermas soledades,
> y abriendo a sangre y fuego ancho camino,
> las leyes trastornemos del Destino,
> por él ciego corramos,
> sembrando horror y muerte. Vamos, vamos.

(Se arroja decidido Lisardo al frente de los bandoleros hacia el fondo de la escena, donde se levanta de pronto delante de él, atajándole el paso, una muralla de bronce, y baja de las bambalinas, y se pone en pie sobre la muralla, un Ángel mancebo, con una ropa flotante de tela de plata, alas extendidas de plumas de colores y con dos espadas de fuego, una en cada mano. Al mismo tiempo, arde arriba una llama de bengala que lo ilumina todo. Lisardo retrocede horrorizado, y lo mismo el Demonio y los Bandoleros, agrupándose todos a un lado del proscenio, sin osar mirar al Ángel.)

Ángel			Confúndete, miserable.
			Tente, mortal infeliz:
			tu furia y la del infierno
			pasar no pueden de aquí.

Lisardo (Aterrado.)	¡Ah! ¿Qué es esto? ¿Qué alto muro
			se alza mi paso a impedir?
			¿Qué luz deslumbra mis ojos?...
			¿Qué voz tronadora oí?...

(Abrazándose al Demonio.)

			Dame tu amparo...

Demonio			(Cobarde y despechado.)
					No puedo
			contigo adelante ir,
			que es la voluntad divina

                el muro que ves ahí,
                y traspasarlo no pueden
                ni mi audacia, ni mi ardid,
                ni todo el infierno junto
                derribarlo... ¡Pese a mí!

(Se hunden el Demonio y los Bandoleros, y se queda Lisardo sin espada.)

Ángel   La medida se ha llenado.
                Decretado está tu fin.

(Se remonta el Ángel y desaparece, y se apaga la llama de bengala. quedando enteramente oscura la escena.)

Lisardo   (Medio derribado en tierra.)
                ¡Ay de mí, desdichado!
                ¡Qué horror!
                Siento mi pecho helado
                de terror.
                ¡Ay!... Mi soberbio brío,
                ¿dónde está?
                El alto esfuerzo mío
                nada es ya.

Voces   (Dentro, a lo lejos.)
                Por aquí, por aquí.

Otras voces   (Dentro, más cerca.)
                Vamos, marchemos.

Arbolán (Dentro.) Si aquí el traidor se oculta,
                y lo espeso del bosque dificulta
                que con él encontremos,
                al fuego abrasador la selva demos.

Lisardo (Levantándose, presuroso.)
Allí, ¡oh furor! mis enemigos vienen,
y del vil Arbolán la voz escucho.
Con nuevas ansias lucho...
Aun miedo a mi poder, cobardes, tienen.
Y tienen bien...,
(Reanimado.) porque mi faz airada
sabrá aterrarlos y mi ardiente espada.

(Va a meter mano, y se encuentra sin espada.)

Mas ¿dónde..., ¡Cielo santo!,
mi espada está?... ¿Quién pudo
quitármela?...
(Horrorizado.) ¿Lo dudo...?
El infierno..., ¡qué espanto!...,
pues prenda suya era.

Voces (Dentro, cerca.)
¡Allí está el asesino!

Otras voces ¡Muera, muera!

Lisardo (Aterrorizado.)
Huyamos, si un camino
aun me guarda, piadoso, mi destino.

(Corre hacia el muro y vuelve atrás, despechado.)

No le hay..., solo la muerte.
Cúmplase pronto mi tremenda suerte.

(Entran en confuso tropel soldados, villanos y caballeros de los que ya se han visto en la plaza y en el palacio, todos con espada o lanza o hacha de armas en la mano derecha, y en la izquierda, una antorcha encendida. Se esparcen feroces por la escena, rodeando a Lisardo. Detrás de ellos sale Arbolán, con corona de oro sobre el morrión, manto real sobre la armadura y la espada en la mano. Y le rodean cuatro Guardias con alabardas.)

Unos (Al salir.)	Aquí está el regicida.
Otros (Ídem.)	Aquí está el asesino.
Lisardo	(Al ver venir a Arbolán.) Mi manto y mi corona en quién, ¡oh cielos!, miro. ¡Ay! De mi pecho es éste el más atroz martirio.
Arbolán	(Conteniendo a los suyos.) No le matéis. Prendedle, porque no debe, amigos, morir a honradas manos, cual noble, en este sitio, sino a las del verdugo en infame suplicio.

(Todos se contienen, y llega a Lisardo.)

                    Humíllate a mis plantas;
                    confúndete, asesino.

Lisardo (Con altivez.)   Mátame. ¿Qué te asusta?
                    Pasa este pecho mío,
                    pues me encuentras sin armas
                    por tu feliz destino.

Que si espada tuviera,
te juro por mí mismo
que tú y estos cobardes
que me insultan altivos
huyerais de mi saña
pidiendo a Dios auxilio.

Arbolán (Orgulloso.) Ríndete, miserable,
que soy tu rey.

Lisardo (Con desprecio.)
¡Inicuo!
Jamás... Un vil aleve
solamente en ti miro,
y en esta infame turba
rebeldes siervos míos.

Todos (Agitándose en torno.)
Muera.

Arbolán (Conteniéndolos.)
No. Sujetadle,
y al cercano castillo,
cargado de prisiones
al punto conducidlo.
Allí en un calabozo
confúndase su brío
el plazo de esta noche,
pues al momento mismo
que el nuevo Sol alumbre,
en infame suplicio
perecerá, del mundo
y del cielo maldito.

(Luchan un instante con Lisardo y lo sujetan y sacan de la escena, y con él se van rápidamente todos y Arbolán.)

Escena II
Decoración corta que representa una oscura prisión y dos fuertes rejas, una a la derecha y otra a la izquierda. Es de noche. Entra Lisardo cargado de cadenas, pero puestas de modo que no le impidan el andar, ni la acción de los brazos.

Lisardo   ¿Es verdad...? ¿Lisardo soy,
           el que no cupo en la Tierra?
           ¿Este calabozo encierra
           todas mis grandezas hoy?
           ¿Es cierto que atado estoy,
           y con hierros mi furor
           sujeto, por el temor
           con que ve cobarde el mundo
           mi denuedo sin segundo
           y mi indomable valor?...
           Es verdad, no hay duda, sí.
           Cobardes, viles, traidores,
           ahora sacian sus rencores
           a mansalva sobre mí.
           Pero sepan que aun aquí,
           de cadenas abrumado
           y de estos muros cercado,
           arder en mi pecho siento
           aquel volcánico aliento
           que el orbe admiró postrado.
           Arde. Y si el Cielo me diera
           estos hierros quebrantar,
           estos muros derribar
           y volver a mi carrera,
           lección saludable fuera
           mi estancia en esta prisión.

Sí, saludable lección,
que me dice: del dominio
la sangre y el exterminio
las firmes columnas son.
La sangre de los traidores,
el exterminio total
de todo osado rival,
son sus cimientos mejores.
Si lograran mis furores,
si mi sañuda altivez
de esta torre la estrechez
burlar... ¡Ah!... Por vida mía,
que el mundo no me vería
cual estoy, segunda vez.

(Se pasea y se oye a lo lejos rumor de música militar, y prosigue animoso.)

Y qué, ¿me cierra el Destino
con brazo terrible y fuerte,
en tan angustiosa suerte,
de la esperanza el camino?...
Rumor de tropa imagino
hacia este lado sonar;
aún me pudiera ayudar,
recordando la alta gloria
de tanta insigne victoria
como yo le supe dar.

(Se acerca a una de las rejas por donde se ve el resplandor de las hachas de viento.)

Son, ¡ah!, mis soldados, sí,
los que glorioso mandé,
los que de lauro colmé,

                        los que un dios vieron en mí.

(Con voz alta, hablando por la reja.)

                        Valientes, miradme aquí.
                        La traición, la envidia fiera
                        me tienen de esta manera;
                        que vuestro esfuerzo leal
                        salve a vuestro general.
                        Soy Lisardo.

Voces (Dentro.)   ¡Muera, muera!

(Lisardo se retira precipitado de la ventana con muestras de despecho.)

Lisardo   ¡Oh desengaño cruel!
                        ¡Oh terrible confusión!
                        Me aprietan el corazón
                        como un áspero cordel.
                        ¿Qué se ha hecho, ¡cielos!, aquel
                        entusiasmado ardimiento,
                        que daba mi nombre al viento
                        cual del numen de la guerra,
                        y que por rey de la Tierra
                        me dio en el dosel asiento?

(Se oye a lo lejos rumor de pueblo.)

                        Mas del pueblo en la memoria
                        más firme estará grabado,
                        que mi esfuerzo denodado
                        le dio libertad y gloria;
                        que ganando una victoria
                        lo liberté del furor

       del bárbaro destructor.
       Pues bien: al pueblo apelemos,
       ya que en los soldados vemos
       tanto olvido y tal rencor.

(Se acerca a la otra reja, por la que también se advierte el resplandor de luces.)

       Sí... La plaza toda llena.
       Quiero hablarle. Oiga mi voz.

(En voz alta, hablando por la reja.)

       Pueblo, ved mi suerte atroz.
       La envidia aquí me encadena,
       y ella sola me condena.
       Yo sacrifiqué mi vida
       por vuestro bien. Defendida
       la patria ha sido por mí.
       Sacadme, ¡oh pueblo!, de aquí.

Voces (Dentro.) ¡Muera, muera el regicida!

Lisardo   (Volviendo aterrado al centro de la escena.)
       ¡Oh qué horror! ¡Qué ansia mortal!
       ¿De quién, ¡ah!, de quién me quejo?
       ¿Así en el olvido dejo
       que soy atroz criminal?
       ¡Oh, qué recuerdo fatal!
(Despechado.)   Mas, por ventura, ¿mejores
       son los aleves traidores
       que mi muerte han decretado,
       trayéndome al duro estado
       de blanco de sus furores?
       ¡Ay!, sin venganza morir

          es lo que me aflige más.
          Si consiguiera quizá
          de nuevo al mundo salir,
          ¿quién pudiera resistir,
          quién, mi encono vengador?
          ¡Con qué gozo de furor,
          con qué furiosa alegría
          en sangre lo inundaría
          y lo hundiera en el terror!
          Si hay algún hombre ambicioso
          que saciada quiera ver
          su ambición, venga a romper
          mi cárcel, será dichoso.
          Protéjame poderoso,
          verá lo que por él hago.
          Le fundaré, sobre un lago
          de sangre, un imperio, sí.

(Sale rápidamente por escotillón el espectro del Rey con manto y corona, y mostrándole el pecho herido y brotando sangre.)

Rey   ¡Traidor, yo te protegí
                y me distes este pago!

(Húndese)

Lisardo   (Pasmado de terror.)
                ¿Qué han visto mis ojos?... ¡Ah!...
                ¡Qué visión tan espantable!
                Y yo ¡cuán abominable
                me miro y contemplo ya!
                Justa es la suerte que está
                amenazando mi frente.
                Mas, ¡ay!, me hizo delincuente

| | el mundo fascinador,
que aunque nací con valor,
nací también inocente.
¡Oh ambición!... ¡Oh poderío!
¿Quién con vos no es criminal?
Os detesto; odio mortal
os jura este pecho mío.
Si de mi Destino impío
el rigor burlar pudiera,
¡cuán distinta vida hiciera!...
Buscara lejos del mundo
paz y reposo profundo;
el campo mi asilo fuera.
(Enternecido.)   El campo... ¡Qué venturoso
en él, ¡ay cielos!, me vi!...
Al campo volviera, sí,
y a su tranquilo reposo.
Tierna Zora, dueño hermoso,
¡qué feliz en él me hiciste!
Sé el amparo de este triste.
Ven mis hierros a romper.

(Entra por otro escotillón el espectro de Zora, tal cual estaba su cadáver.)

Zora   (Con voz sepulcral.)
Feliz yo te quise hacer;
la muerte en pago me diste.

(Húndese.)

Lisardo   (Trémulo y aterrado.)
¡Ay de mí, desventurado!
¿Esto he visto y vivo estoy?
Me encuentro por doquier hoy

de crímenes rodeado.

(Muy afligido y mirando al fondo.)

> Mira por mí, padre amado.
> De este mundo de maldad
> vuélveme a la soledad
> del escollo en que nací;
> torne a verme junto a ti,
> ten de Lisardo piedad.

(Aparece en el centro del muro de la prisión que cierra el fondo un cuadro grande transparente, en que se ve con toda exactitud la decoración de la primera escena del acto primero; esto es, la montaña de peñascos, descubriéndose por un lado el mar y a la derecha del espectador la gruta de Marcolán, dentro de la cual se verá distintamente solo un esqueleto. Lisardo lo contempla un momento, estupefacto; retrocede, y el cuadro desaparece.)

Lisardo (En la última desesperación.)
> La furia veo patente
> con que el Cielo inexorable
> su maldición espantable
> desploma sobre mi frente.
> ¡Oh, qué tormento inclemente
> es aqueste afán interno!...
> ¿Qué me espera, Dios eterno?...
> ¿Qué me aguarda, hado cruel?

(Suena bajo el tablado la Voz del genio del mal.)

Voz del genio del mal El patíbulo, y tras de él
> la eternidad del infierno.

(Se descubre todo el fondo de la escena, y aparece una gran horca, con cordeles y escalera pintada de negro, que estará aislada, y detrás, a alguna distancia, se verá un mar de fuego, que llena todo el frente y se agita en todas direcciones, viéndose cruzar por él figuras negras movibles de demonios, serpientes y monstruos espantosos. La escena se alumbrará toda con la luz roja de las llamas. Lisardo contempla un momento aterrado tan espantosa visión, y corre de un lado a otro, haciendo extremos, y va a caer desmayado en el sitio en que estaba su lecho en el primer acto.)

Lisardo   (Cayendo desmayado.)
¡Qué horror, qué horror! ¡Ay de mí!

Marcolán   (Dentro de su gruta, mirando al reloj de arena.)
El conjuro está cumplido.
Vuelva a gozar el dormido
de paz y reposo aquí.

(Cruzan la escena en todas direcciones, y como al fin de la primera escena del primer acto las mismas ligeras gasas transparentes, con figuras vagas y fantásticas, y se reúnen como entonces en el fondo y delante de Lisardo, formando como una niebla blanquecina que lo oculta todo. Verificado esto, cierra el libro Marcolán, se levanta gravemente, toma su vara de oro y sale majestuosamente de la gruta, mirando a todos lados.)

Marcolán   (En tono solemne.)
Espíritus celestes e infernales,
genios del bien y el mal que los destinos
por ocultos caminos
dirigís de los míseros mortales:
pues que ya obedecisteis mi conjuro,
alejaos de este escollo en el momento
y a la región del viento
tornad o de la tierra al centro oscuro.

(Agita la vara en derredor. Se alza rápidamente la niebla y aparece la misma decoración con que empezó el drama, con la diferencia de que el mar estará tranquilo. Y detrás de él y de la montaña de peñascos se verá un cielo que represente un risueño amanecer. El tosco lecho se verá en el mismo sitio, y en él Lisardo, dormido, vestido de pieles, como apareció la primera vez.)

Lisardo   (Inquieto y aún soñando.)
               ¡Ay de mí! Basta. ¡Qué horror!

Marcolán   (Contemplándole con compasión.)
               ¡Desdichado! Aún el ensueño
               es de sus sentidos dueño.
               Termine ya su rigor

(Extiende sobre él la vara, y dice en voz alta.)

               Deja, Lisardo, el reposo,
               que ya en el risueño Oriente
               la aurora resplandeciente
               anuncia un Sol venturoso.
               Despierta, despierta, pues.

(Le toca con la vara y se retira a un lado.)

Lisardo   (Despierta, mira atónito a todos lados, se levanta
               y corre a los brazos de su padre.)
               ¿En dónde, ¡oh cielos!, estoy?...
               ¡Oh, qué venturoso soy!
               Mi amado padre aquél es.
               ¡Padre!

Marcolán   (Con gran ternura.)
               ¡Hijo mío! ¿Has pasado
               bien la noche?

Lisardo (Abatidísimo.) ¡Padre!... ¡Oh!
¡Qué infeliz he sido yo!
Tengo el pecho destrozado.

Marcolán ¿Mas para ir al mundo estás
dispuesto cual te ofrecí?
Hoy me dejarás aquí...

Lisardo (Abrazando estrechamente a su padre
con gran vehemencia y la mayor expresión de terror.)
No, padre mío, ¡jamás!

(Marcolán alza la cabeza y las manos al Cielo, como para darle gracias, y cae el telón.)
Sevilla, 1842.

Libros a la carta

A la carta es un servicio especializado para
empresas,
librerías,
bibliotecas,
editoriales
y centros de enseñanza;
y permite confeccionar libros que, por su formato y concepción, sirven a los propósitos más específicos de estas instituciones.

Las empresas nos encargan ediciones personalizadas para marketing editorial o para regalos institucionales. Y los interesados solicitan, a título personal, ediciones antiguas, o no disponibles en el mercado; y las acompañan con notas y comentarios críticos.

Las ediciones tienen como apoyo un libro de estilo con todo tipo de referencias sobre los criterios de tratamiento tipográfico aplicados a nuestros libros que puede ser consultado en Linkgua-ediciones.com.

Linkgua edita por encargo diferentes versiones de una misma obra con distintos tratamientos ortotipográficos (actualizaciones de carácter divulgativo de un clásico, o versiones estrictamente fieles a la edición original de referencia).

Este servicio de ediciones a la carta le permitirá, si usted se dedica a la enseñanza, tener una forma de hacer pública su interpretación de un texto y, sobre una versión digitalizada «base», usted podrá introducir interpretaciones del texto fuente. Es un tópico que los profesores denuncien en clase los desmanes de una edición, o vayan comentando errores de interpretación de un texto y esta es una solución útil a esa necesidad del mundo académico.

Asimismo publicamos de manera sistemática, en un mismo catálogo, tesis doctorales y actas de congresos académicos, que son distribuidas a través de nuestra Web.

El servicio de «libros a la carta» funciona de dos formas.

1. Tenemos un fondo de libros digitalizados que usted puede personalizar en tiradas de al menos cinco ejemplares. Estas personalizaciones pueden ser de todo tipo: añadir notas de clase para uso de un grupo de estudiantes, introducir logos corporativos para uso con fines de marketing empresarial, etc. etc.

2. Buscamos libros descatalogados de otras editoriales y los reeditamos en tiradas cortas a petición de un cliente.

www.ingramcontent.com/pod-product-compliance
Lightning Source LLC
LaVergne TN
LVHW041254080426
835510LV00009B/725